DBJ BOOKs

日本政策投資銀行 **Business** Research

地域創生と
未来志向型官民連携

PPP/PFI20年の歩み、
「新たなステージ」での活用とその方向性

［編著］
日本政策投資銀行
日本経済研究所
（一財）日本経済研究所
価値総合研究所

発行：ダイヤモンド・ビジネス企画　発売：ダイヤモンド社

刊行に寄せて

　PFI法（「民間資金等の活用による公共施設等の整備等の促進に関する法律」）施行から20年が経過し、様々な公共施設や公共インフラの整備・運営において、官民連携が進んでいます。2011年のPFI法改正によって公共施設等運営権を活用したコンセッション事業が導入され、空港、道路、上下水道などの分野にも、その対象が広がっています。PFI手法をはじめとする我が国の官民連携は、当初はイギリスなど海外の制度を参考にして導入されたものですが、その後、関係する皆様の熱意と創意工夫により、日本の経済社会に適した形で独自の発展を遂げてきました。

　現在、我が国では、公共施設等の老朽化と少子高齢化が進み、真に必要な社会資本の整備と財政健全化の両立をはかることが大きな課題となっています。これらの課題を解決するとともに、地域経済を活性化させる手段として、官民連携の一層の推進が求められています。

　本書は、日本政策投資銀行グループが、PFIなどの官民連携の第一線で長年活躍してきた各界の有識者の知見を結集し、我が国における官民連携の歩みを振り返り、未来志向のアイデアやヒントを示しながら、新たな令和の時代における官民連携活用の方向性を示すものです。

　官民連携の歴史を開拓してきた先人の経験に学び、それぞれの地域が抱えている課題を踏まえながら、将来に向けて社会課題の解決策を考えることは、国や地方自治体、民間企業、大学などの研究機関、金融機関など幅広い分野の人々にとって、たいへん有意義です。ぜひ、多くの方に本書を手にとって頂き、地域の課題解決を考える指針として活用していただくことを願ってやみません。

2020年12月

株式会社民間資金等活用事業推進機構

代表取締役会長　渡　文明

はじめに

1999年のPFI法の施行から、早や20年以上が経過しました。

地域課題や社会課題が多様化する中で、その解決手法の一つであるPFI、そしてPPPについても、更なる進化に向けて新たなステージへと踏み出すタイミングを迎えています。

日本政策投資銀行（DBJ）グループでは、この節目の機会に、過去を総括しつつ、今後の地域活性化／地域創生へ向けて、またそのための官民連携の更なる活用へ向けて有意な提言等を実施するべく、「PFI法施行20周年企画」と題し、これまでグループを挙げて検討に取り組んでまいりました。

検討にあたっては、PPP/PFI分野の第一線でご活躍中の識者の方々に、講演会やヒアリング等様々な形でお力添えいただいたほか、産・官・学・金を代表する18名の皆様にお集まりいただいて計2回の「有識者会議」を開催し、様々な議論をいただきました。また、これらを踏まえて整理した内容等を題材に、各界を代表する皆様を講師・パネリストとしてお招きして「地方創生フォーラム」を開催し、活発な議論を実施していただきました。

DBJグループでは、これらを踏まえ、PPP/PFIのこれまでと今後を、大きく以下の三つのポイントにより整理させていただいたところです。

①これまでの20年は、公共施設の「整備・維持管理」から、インフラ分野も含む「経営・マネジメント」のステージへと展開

②今後は、「経営・マネジメント」を「面的・複合的・広域的」に推進して地域活性化を図っていく、未来志向型の新たなステージへと移行

③そのためには、リーダーシップ人財の形成を含む地域一丸の態勢づくり、さらには、財政再建と成長戦略へ、各地域の志高い取組を強力にバックアップする官民連携での推進態勢が重要

本書は、DBJグループでの上記検討とりまとめ内容のほか、先にも紹介した、第一線で活躍中の皆様からの寄稿、そして、「有識者会議」や「地方創生フォーラム」での議論内容について、各方面から大変多くの期待の声をいただいたことも受け、体系的にとりまとめを実施したものです。また、現下の新型コロナウイルスの影響

なども踏まえ、最終章では、「ウィズ・コロナ」時代の地域課題解決・社会課題解決を見据えた未来志向型の官民連携の在り方なども含めて考察を行っています。

このような節目の機会に、PPP/PFIの世界の第一線で長年活躍されてきた皆様や、各界を代表する有識者の皆様による珠玉の知見を、志高い関係者で共有して相互に高め合うことは、大変有意義なことと考えられます。係る中、これだけ多くのハイレベルな皆様にお力添えいただいた構成内容は、他にあまり類を見ないものと言えるのではないでしょうか。

このたび本書をとりまとめる機会をいただけたことは大変幸運なことであり、巻頭に力強く温かいお言葉を賜った㈱民間資金等活用事業推進機構の渡文明・代表取締役会長をはじめとして、「PFI法施行20周年企画」の各種取組や本書の編集にご協力をいただいた全ての方々に、この場を借りて深く御礼を申し上げます。また、各界の皆様の英知が凝縮された本書を、この節目の機会に是非多くの皆様に手に取っていただければ幸いです。

周知のとおり、2020年に入って以降の新型コロナウイルスの世界的な感染拡大により、我が国の経済・産業・地域も大きな影響を受けています。更なる悪化が懸念される国・地方の財政状況の再建、地方自治体の事務事業のデジタル化等による効率性・生産性の向上、人手の厳しい小規模自治体における既存行政課題への遅滞なき対応、自然災害多発・気候変動等もふまえたレジリエントな地域の形成、そして、大きく傷ついた地域経済のリカバリー、……。早急かつ適切な対応が求められる課題は、枚挙にいとまがありません。

これらをはじめとする地域課題・社会課題への対応を踏まえれば、PPP/PFIや幅広い官民連携推進の必要性は、今後より一層高まることすらあれ、弱まることは決してないものと考えられます。本書が、各地域の志高い皆様による今後の活動に少しでも参考となれば幸いです。

DBJグループでは、今後も地域活性化／地域創生へ向けて、またそのための真に有意な官民連携推進へ向けて、各種調査・情報発信・政策提言や各地域へのコンサルテーション／アドバイザリー、そして先導的プロジェクトへのリスクマネー供給など、グループを挙げて一層精力的に取り組んでまいりたいと考えています。

また、「ナレッジと投融資」や「社会価値と経済価値」を両輪で力強く推進する

とともに、「産・官・学・金」「地域と地域」そして「地域と海外」をつなぐユニークな触媒やコーディネーターとして、各界の皆様との貴重なご縁を大切にしながら、引き続き貢献してまいりたいと考えています。

2020年12月
日本政策投資銀行
日本経済研究所
（一財）日本経済研究所
価値総合研究所

目次

第1章 今後の地域活性化へ向けた 官民連携のさらなる活用のために
～ PFI法施行20周年を契機とした 振り返りと新たなステージへの考察～

第2章 PPP/PFI 第一線識者が語る 官民連携の展開と展望

第3章　DBJグループ 有識者会議委員が語る 官民連携の展開と展望

第4章　各界代表識者が語る 官民連携の展開と展望
～「地方創生フォーラム」における議論より～

第5章　未来志向型官民連携の実践へ向けて
～ウィズ・コロナ時代の社会課題解決を見据えて～

第1章

今後の地域活性化へ向けた
官民連携のさらなる活用のために

～ PFI法施行20周年を契機とした
振り返りと新たなステージへの考察～

1999年の民間資金等の活用による公共施設等の整備等の促進に関する法律（以下、PFI法）施行から20年が経過した。DBJグループでは、こうした節目の機会に、過去をしっかり振り返りながら、今後の地域活性化・地域創生のための有意義な官民連携活用へ向けたコンテンツの取りまとめや提言をするべく、「PFI法施行20周年企画」として、グループを挙げて取り組んできたところである。

　本章では、これまでの検討を踏まえて取りまとめた内容の一部について紹介させていただくこととしたい。

　なお、本章の内容は、「地方創生フォーラム：今後の地域活性化へ向けた未来志向型の官民連携 〜 PFI法施行20周年を契機に新たなステージへ〜」（2019年12月開催）などの場において実施した、DBJによる報告・提言の内容等をベースに、その後の動向なども踏まえて再編成を行ったものである。

1-1 DBJグループ「PFI法施行20周年企画」の概要

図表1は、DBJグループによる「PFI法施行20周年企画」の全体像である。このように、六つのテーマを設け、グループでそれぞれプロジェクトチームをつくって検討を進めてきたところである。

以下で紹介させていただく内容は、その総括的な内容であるとともに、各界を代表する皆様で構成される有識者会議で議論していただいた内容を踏まえて整理したものである。

また、必ずしもPPP/PFIに精通していない方々も含めて、各地で地域活性化や地域創生に取り組んでいる産・官・学・金の皆様の今後の活動に、少しでも役立つものにできればという思いで取り組んできた内容である。

図表2は、有識者会議の委員一覧である（注：所属・役職は、2019年12月末現在）。座長の宮本和明先生をはじめとする錚々（そうそう）たるメンバーの方々、外部委員18名、内部

図表1　DBJグループの「PFI法施行20周年企画」について

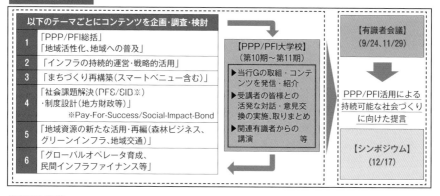

趣　旨

● 2019年は、PFI法施行（1999年）20周年の節目であることを契機に、PPP/PFIの過去の総括をはじめ、今後の地域課題解決・地域活性化のための有意な官民連携活用等へ向けた幅広いコンテンツ策定や骨太な提言等に、DBJグループを挙げて取り組むもの

実施方法

以下のテーマごとにコンテンツを企画・調査・検討

1	「PPP/PFI総括」「地域活性化、地域への普及」
2	「インフラの持続的運営・戦略的活用」
3	「まちづくり再構築（スマートベニュー含む）」
4	「社会課題解決（PFS/SID※）・制度設計（地方財政等）」　※Pay-For-Success/Social-Impact-Bond
5	「地域資源の新たな活用・再編（森林ビジネス、グリーンインフラ、地域交通）」
6	「グローバルオペレータ育成、民間インフラファイナンス等」

【PPP/PFI大学校】
（第10期～第11期）
▶当行Gの取組・コンテンツを発信・紹介
▶受講者の皆様との活発な対話・意見交換の実施、取りまとめ
▶関連有識者からの講演　等

【有識者会議】
（9/24、11/29）

PPP/PFI活用による持続可能な社会づくりに向けた提言

【シンポジウム】
（12/17）

出所：DBJ作成

委員3名、合わせて21名の皆様により、活発な議論を実施していただいたものである。

検討・整理した内容は、大きく下記の三つのパートで構成される。
・PFIの導入及びそれがもたらした概念等
・PPP/PFIに係るこれまでの成果・課題の振り返り
・今後の地域活性化・地域創生へ向けた「未来志向型」官民連携の在り方

以下、順に紹介していきたい。

図表2 「PFI法施行20周年企画」有識者会議委員名簿

(敬称略・五十音順)

氏名	所属等
秋山　咲恵	(株)サキコーポレーション　ファウンダー
伊藤　明子	消費者庁長官(前・内閣官房　まち・ひと・しごと創生本部事務局　地方創生総括官補)
今村　肇	東洋大学国際学部グローバル・イノベーション学科　教授
逢見　直人	日本労働組合総連合会　会長代行
黒岩　祐治	神奈川県知事
笹島　律夫	(一社)全国地方銀行協会　会長　(株)常陽銀行　取締役頭取
髙島　誠	(一社)全国銀行協会　会長　(株)三井住友銀行　頭取　ＣＥＯ
竹内　俊一	(株)エヌ・ティ・ティ・データ　取締役常務執行役員
武田　洋子	(株)三菱総合研究所　政策・経済研究センター長
中原　淳	内閣府　地方創生推進事務局　内閣審議官　(現・国土交通省　国土政策局長)
根本　勝則	(一社)日本経済団体連合会　専務理事
橋本　圭一郎	(公社)経済同友会　副代表幹事・専務理事
半田　容章	(株)民間資金等活用事業推進機構　代表取締役社長
藤原　一朗	(一社)第二地方銀行協会　会長　(株)名古屋銀行　取締役頭取
前田　博	渥美坂井法律事務所・外国法共同事業　パートナー
宮本　和明	東北大学　名誉教授、東京都市大学　名誉教授、パシフィックコンサルタンツ(株)技術顧問
村井　嘉浩	宮城県知事
柳川　範之	東京大学大学院経済学研究科・経済学部　教授
髙橋　洋	(株)日本経済研究所　代表取締役社長
地下　誠二	(株)日本政策投資銀行　取締役常務執行役員
杉元　宣文	(株)日本政策投資銀行　常務執行役員

出所:DBJ作成

1-2 PFIの導入及びそれがもたらした概念等

■ PFIの導入・概要等

　まず、図表3は、PFIの導入・目的等について整理したものである。

　PFIの導入は1999年。行財政改革等の流れの中で、議員立法によってイギリスの
PFIを参考に法が制定された。

　PFI法の目的や期待される効果については、例えば、「民間の資金、経営能力及
び技術的能力の活用」や「効率的かつ効果的な社会資本の整備」「低廉かつ良質な
公共サービスの提供」「公共サービス提供における行政の関わり方の改革」「経済の
活性化」、といったことが重要なポイントとなる。

　こうしたキーワードについて、このような節目の機会に改めて立ち返ってみるこ
とは非常に重要なことと言える。また、これまでこうしたキーワードがどれだけ実
現されてきたのか、さらには、今後一層期待できる事項は何か、等を考えるのに、
大変貴重な節目の機会であると考えられる。

図表3　PFIの導入・目的等

<導入>
- 行財政改革等の流れの中、英国のPFI(*)を参考に、1999年 議員立法により「PFI法（民間資金等の活用
による公共施設等の整備等の促進に関する法律）」制定
  (*)PFI：Private Finance Initiative

<PFI法の目的・期待される効果>
- PFI法の目的(法1条より)
  - 民間の資金、経営能力及び技術的能力を活用した公共施設等の整備等の促進を図るための措置を講
  ずること等により、効率的かつ効果的に社会資本を整備するとともに、国民に対する低廉かつ良好な
  サービスの提供を確保し、国民経済の健全な発展に寄与
- 期待される成果(国の基本方針より)
  - 低廉かつ良質な公共サービスの提供
  - 公共サービス提供における行政の関わり方の改革
  - 民間の事業機会創出を通じた経済の活性化(他の収益事業との組み合わせを含む)

出所：内閣府HPをもとにDBJ作成

図表4は、PFIの基本的な考え方を整理したものである。この中で一番のポイントは、「一気通貫（一括発注・長期契約・性能発注)」のところであろう。

　すなわち、従来型公共事業では、フェーズごと、業務ごとに分離・分割発注した上で、公共自らがサービス提供を実施するのが基本であるが、PFIでは、設計から運営までの各フェーズ・各業務を一気通貫で担うこととなる複数の民間事業者のチームに対して、公共セクターから一括発注・長期契約・性能発注という形で仕事を任せ、民間チームがサービス提供主体となる。そして、公共セクターは、そのサービス提供をパッケージで購入し、民間の業務を監視する役割に変わることとなる。

　このようなスキームによって、**2**で掲げるいくつかの新たな代表的概念が生まれることとなったと言える。

2　PFIの特徴及びそれがもたらした新たな概念

①パッケージでのサービス提供を通じた付加価値創出（図表5）

　例えば、1点目は、設計から運営まで一気通貫による「パッケージ」での「サー

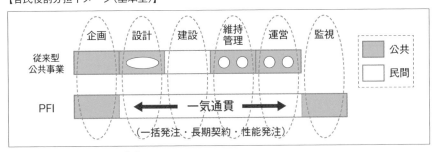

図表4　PFIの基本的考え

PFI（Private Finance Initiative）の概念

1．何を？　　　⇒　公共施設等の設計・建設・維持管理・運営などを
2．どのように？　⇒　民間の資金・経営能力・技術的能力等を活用して
3．誰が？　　　⇒　官と民の適切な分担・連携により実施し
4．目的は？　　⇒　効果的かつ効率的な公共サービス提供を実現

【官民役割分担イメージ（基本型）】

出所：内閣府資料をもとにDBJ作成

ビス提供」を、民間チームが「プラスの知恵」を付加して実施することによって、経済的な側面も含めた新たな「付加価値創出」の可能性が広がったということである。

②プロジェクト・マネジメント（図表6）

　2点目は、「プロジェクト全体のマネジメント」である。すなわち、民間が、設計から運営までの複数パーツにわたる総合マネジメントや、事業期間全体の総合マネジメントを、チームで知恵を絞りながら実施していく。また、公共事業全般に伝統的に見られるような「どんぶり勘定」を廃し、個々のプロジェクトごとのマネジメントに対して、金融機関によるファイナンス等を通じたガバナンスなどを実施することができるようになったということである。

③リスク分担（図表7）

　3点目は、公共セクター、民間チーム、そして金融機関の間で、「得意な者が得意なリスクを負担する」という意味での「リスク分担」という概念や、また、その

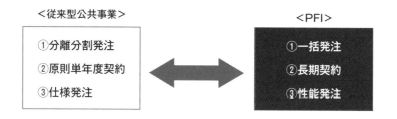

図表5　PFIの特徴・もたらした新たな概念①

①民間チームの「プラスの知恵」による「パッケージ」（設計から運営まで一括発注・長期契約・性能発注）での「サービス提供」を通じた「付加価値創出」

＜従来型公共事業＞

①分離分割発注
②原則単年度契約
③仕様発注

＜PFI＞

①一括発注
②長期契約
③性能発注

PFIは、「①幅広い事業範囲」と「②中長期的な事業期間」を前提に、
「③自由度高く提案を求め、競わせることで民間の知恵・創意工夫を引き出す」
　⇒　付加価値の創出へ

出所：DBJ作成

「契約による明確化」という概念が生まれたということである。これについては、「リスクのアンバンドリング」といった言い方もなされているところである。

④VFM（図表8）

4点目は、「③リスク分担」と大きく関連する概念としての、「VFM（Value for Money：バリューフォーマネー）」である。すなわち、一つの主体が、自身の不得手としているリスクも含めて丸抱えするスキームと比べて、当然ながら、従来と同じ公共サービスの質でも、より低廉にサービスを提供できる可能性が広がる。また、設計から運営まで一気通貫で実施することで、従来と同じ金額でも、トータルとしてより良質なサービスを提供できる可能性が広がることとなる。いわば、そのような概念が生まれたということである。

なお、このVFM（いわば、財政負担削減額）については、PFIで新たに生まれてきた概念であるとともに、実質的に、公共セクターが個体具体の事業をPFIで実施するか否かを判断する際に用いられる「唯一の定量指標」であるということも言える。

図表6　PFIの特徴・もたらした新たな概念②

②民間チーム及び金融機関による「プロジェクト全体のマネジメント」

・民間チームによる、設計から運営までの複数パーツの総合マネジメント、事業期間全体の
　総合マネジメント　⇒チームで知恵を絞る
・金融機関によるファイナンスを通じたガバナンス

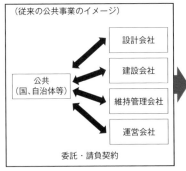

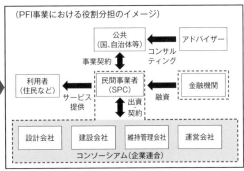

出所：「自治体担当者のためのPFI実践ガイドブック」（㈱民間資金等活用事業推進機構）をもとにDBJ作成

16

図表7　PFIの特徴・もたらした新たな概念③

③官-民-チーム-金による「リスク分担」と契約による明確化

・各リスクは、もっともコントロールし得る主体が負担（⇒得意な者が得意なリスクを）

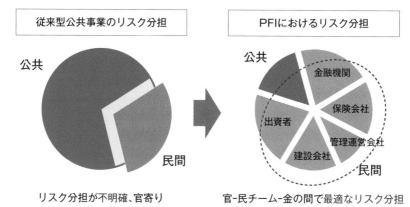

従来型公共事業のリスク分担	PFIにおけるリスク分担
リスク分担が不明確、官寄り	官-民-チーム-金の間で最適なリスク分担

出所：DBJ作成

図表8　PFIの特徴・もたらした新たな概念④

④VFM（バリューフォーマネー）

・支払の対価としてもっとも価値の高いサービスを提供するという考え方
　「従来と同じ質でもより低廉なサービス」「従来と同じ金額でもより良質なサービス」
・VFM（財政負担削減額）が、実質的に公共がPFI実施の是非を判断する唯一の定量指標

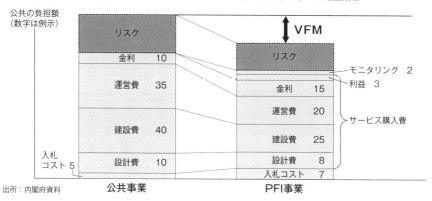

出所：内閣府資料

ちなみに、この「唯一の定量指標」といった点については、PFIにおける特徴であると同時に、課題でもあると言えるところである。これについては、後段でも改めて触れることとしたい。

⑤公共事業と民間収益事業の融合・協働（図表9）

　5点目として、これまでの題材とは少し毛色が異なるかもしれないが、PFIでの複合発注方式によって、「公共事業と民間収益事業を一括・一体で実施できることを通じたメリット」が挙げられる。一例を挙げれば、図表にあるスポーツ公園事業等において、公共施設と民間施設の一体的整備による相乗効果の力で集客力が増し、そしてその集客増が、施設の公共・公益的機能発揮と民間収益増加の双方へ寄与するようなケースが考えられよう。いわば、官と民、そして住民を含めた三方良しのメリットが生まれる可能性が広がったと言える。

図表9　PFIの特徴・もたらした新たな概念⑤

⑤公共事業と民間収益事業の融合・協働

・PFI事業と民間収益事業の一括・一体的実施（余剰地活用、官民合築等）
・融合・協働により官民双方にメリット
　（⇒集客増等が公共機能発揮と民間収益増の双方へ寄与）

事例：柳島スポーツ公園整備事業（茅ヶ崎市）

スポーツ公園　全体イメージ図　　　　　　　　　　　　　　レストラン

クラブハウス

コミュニティスタジオ　　　　　サイクルステーション

・自由提案施設として民間事業者が整備・維持管理運営するクラブハウス（2階、1階の一部）を核とし、レストラン、スタジオ、運動支援施設などを設置・運営することで、集客促進、地域経済活性化の他、サイクルステーションの設置など茅ヶ崎の地域性との相乗効果を創出・発揮

出所：柳島スポーツ公園HPをもとにDBJ作成

1-3 PPP/PFIに係るこれまでの成果・課題の振り返り

1 PFI 20年の流れ（図表10）

　以上のような概念とともにスタートしたPFIについて、次にこれまでの振り返りに入っていきたい。DBJグループでは、これまでの20年を、大きく二つのパート・流れに分けて整理している。

　まず一つめの流れが、前半の十余年、すなわち、「公共施設やハコモノの整備・維持管理の面を中心とした活用」において成果を上げてきたフェーズである。ここでは、当該フェーズを「ステージ1」と呼ぶこととする。

　そして二つめの流れが、「インフラ分野を含めた課題解決へ向けて、官民連携を通じた経営・マネジメントをしっかり導入・実践」していこうという方向へ大きく舵が切られた、2011年のPFI法大改正以降のフェーズである。ここでは、当該フェーズを「ステージ2」と呼ぶこととする。

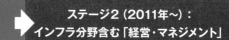

図表10　PFI 20年の大きな流れ

ステージ1（1999年〜）：
公共施設の「整備・維持管理等」

ステージ2（2011年〜）：
インフラ分野含む「経営・マネジメント」

〈1999年〉PFI法施行
（⇒ 公共サービスを官が民から調達する新しいスキームの導入）

厳しい財政状況における老朽化インフラ更新対応の必要性等から、政府主導の法改正（閣法）によりコンセッション方式導入

〈2011年〉PFI法改正
（⇒ コンセッション方式の導入）

〈2013年・2014年〜〉
インフラ長寿命化計画・公共施設等
総合管理計画の策定要請等

出所：DBJ作成

2 「ステージ1」について

①特徴・事例

「ステージ1」について、その特徴を3点ほど指摘しておきたい（図表11）。

1点目は、PFIが着実な立ち上がりを見せてきた背景とも言えることである。すなわち、先に記載した「議員立法」の話とも関連するが、走りながら制度設計を構築していく必要がある中で、自治体や経済界からの改善要望を国においてしっかりと取り入れていったことで、順次各種ガイドライン等も整備され、日本型で着実に浸透が図られていったということである。

次に2点目・3点目は、その後の展開や進化の変遷に関する事項となる。すなわち、まず2点目は、ハコモノを中心とした活用の面で順調にスタートを切った後、指定管理者制度の創設等とも相まって、「運営型事業」への活用や、「多様なPPP事業」へと展開していったということである。ここでは、当該フェーズを「ステージ1−①」と呼ぶこととする。

図表11　ステージ1の特徴（概略）

＜ステージ1：公共施設の効果的かつ効率的な「整備・維持管理等」＞

- PFI導入以降、国が自治体・経済界からの改善要望を取り入れ、順次ガイドライン策定（プロセス・リスク等）するなど、日本型で着実に浸透（ハコモノ中心に展開）
- 2003年指定管理者制度創設等とも相まって、ハコモノ⇒運営型⇒多様なPPP（指定管理、包括委託、定期借地権、設置管理許可等）へ展開　（ステージ1−①）
- その後、ヒト・モノ・カネに係る課題深刻化等を踏まえた公有資産マネジメント要請等の中、「点・単体・個別」から「面・複合・広域」での課題解決へも活用・展開　（ステージ1−②）

＜ステージ2：インフラ分野も含む「経営・マネジメント」（利用料金徴収型事業）＞

- 厳しい財政状況におけるインフラ老朽化更新対応必要性等から2011年PFI法改正
- 官の施設所有のもと、民が事業リスクを負担し、更新投資等を含め裁量を持って長期運営等実施（コンセッション方式）

展開のイメージ

ステージ1−①		ステージ1−②	ステージ2
ハコモノ中心 （施設整備・ 維持管理型）	・運営型 ・多様なPPP	面・複合・広域での活用・展開 （バンドリング、複合化、 広域化、まちづくり等）	コンセッションも 含めた展開 （2011 PFI法改正〜）

出所：DBJ作成

　そして3点目は、その後のヒト・モノ・カネに係る課題の深刻化も踏まえ、いわゆる「公有資産マネジメント」の要請も出てくる中で、それまで個別の施設の整備・維持管理や課題解決に活用される手法と認識されていたPFIが、公共施設全体の課題解決や、「面としてのまちづくり」へ向けて、手法として活用される動きが出てきたということである。ここでは、当該フェーズを「ステージ1-②」と呼ぶこととする。

　ここで、「ステージ1」における活用事例を少しだけ振り返っておきたい。

　まず、「ステージ1-①」では、庁舎等のハコモノへの活用が多く見られた中、国による霞が関の中央合同庁舎第7号館などの大型プロジェクトも創出された（図表12）。また、「運営型事業」としては、三重県桑名市による図書館等プロジェクトなどをはじめとする事業が実施された（図表13）。そして、「多様なPPP事業」への展開例としては、愛知県高浜市がリース方式により実施した本庁舎整備事例（図表14）をはじめ、複数の手法（指定管理、包括委託、定期借地権、設置管理許可等）により様々なプロジェクトが実現した。

図表12　＜事例①＞庁舎等（ステージ1-①「点・単体・個別」）

中央合同庁舎第7号館整備等事業　～国による大規模PFI案件　国の庁舎整備に初めてPFIを活用～

＜概要＞
・事業者が文部科学省、会計検査院等が入居する中央合同庁舎第7号館の整備・維持管理等を実施するとともに、付帯事業として民間収益施設の合築整備・維持管理運営を実施

＜特徴＞
・市街地再開発事業との一体的実施により国有地の高度利用・有効利用が可能に
　→多彩な民間施設の整備による事業機会・雇用機会の創出、経済活性化

外観

出所：国土交通省資料を
もとにDBJ作成

図表13　＜事例②＞運営型（ステージ1ー①「点・単体・個別」）

桑名市図書館等整備事業　～民間の創意工夫・ノウハウによるサービスの向上・新技術導入等～

＜概要＞
・事業者が図書館等施設を設計・建設し、所有、維持管理・運営を実施。事業期間終了後は市に所有権を無償譲渡予定

＜特徴＞
・将来の技術革新リスクに鑑み、システムの高スペック化に柔軟に対応することを目的に、提案価格の50％を限度に新たなサービスを導入できるスキームを構築
　→事業期間中にSDIシステム（※）やブックシャワーを新導入
※SDIシステム：あらかじめ利用者がキーワードを登録しておくことで、関連する情報がヒットすれば利用者に通知が届くシステム。システム上で予約の延長も可能

自動貸出機（カードで書籍の予約・貸し出しが可能）　　　　ブックシャワー（書籍洗浄機）

出所：桑名市HPをもとに㈱日本経済研究所作成

図表14　＜事例③＞PPPへの展開（ステージ1ー①「点・単体・個別」）

高浜市役所本庁舎整備事業　～リースによる庁舎整備～

＜概要＞
・事業者が新庁舎を整備・所有（現庁舎敷地を使用、定期借地権設定）
・市は事業者に毎期定額で賃借料を支払い、施設を賃借（リース方式）

＜特徴＞
・庁舎の整備・維持管理コストの低減や、市所有ではなく民間施設を使用することによる
　"身軽さ"等を重視し、多様なPPP手法を視野に入れた中でリース方式を採用

出所：高浜市HPをもとに
㈱日本経済研究所作成　　　　　　　　　　　　外観

「ステージ1-②」では、複数の公共施設を束ねて実施するバンドリング型の課題
解決事業への活用事例（例：京都市による市立学校耐震化事業等。図表15）、公共
施設複合化等への活用事例（例：千葉県市川市による市立第七中学校等整備事業
等。図表16）、そして、広域連携事業への活用事例（例：千葉県木更津市及び周辺3
市による火葬場整備運営事業等。図表17）などが創出された。さらには、定期借地
権等を活用した、民間事業との融合・協働による「まちづくり事業」への活用など
についても、複数のプロジェクトが実現した（例：富山市による旧総曲輪小学校跡
地活用まちづくり事業等。図表18）。

　勿論、これらの事例だけをもって、何かが言える／言えない、ということではな
い。ただ、いずれにせよ、これらのプロジェクトを見ただけでも、改めて、PPP/
PFIが私たちの生活の立派な一部を構成する手法であるということを、容易にイ
メージすることができるのではないだろうか。

図表15　＜事例④＞バンドリング（ステージ1-②「面・複合・広域」）

京都市立学校耐震化PFI事業　～短期間での一斉導入が可能に～

＜概要＞
・耐震補強内容が多様かつ大規模な小中学校及び高等学校の耐震化を、学校教育活動等への影響を
　極力低減しつつ早期かつ確実に実施。2009～2011年にかけて、一斉にPFI事業として整備
　（1期（2009～2010年）：4校、2期（2010～2011年）：5校）

＜特徴＞
・従来の個別発注とは異なる一括発注により、短期間での一斉実施が可能

バンドリング

複数施設に関する事業を一括して事業化

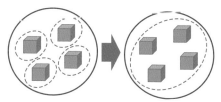

耐震補強の様子

出所：内閣府HP、京都市HPをもとにDBJ作成

市川市立第七中学校校舎等整備事業　～複合化、機能集約～

＜概要＞

・老朽化が著しい中学校校舎の一部と給食室を建て替え、その余剰容積を活用して、公会堂、保育所、高齢者
　福祉施設（ケアハウス、デイサービスセンター）を一棟の建物に集約、多世代が生活し交流する拠点を整備

＜特徴＞

・複数の特性（利用者、利用形態等）を持つ複数の施設を一つの建物として合築整備。多様な施設に
　対する公共の様々な要求水準を確実に満たした上で、大幅なコスト削減を実現（VFM：約26％）

・多世代交流の誘発など、運営面への積極的な参画・取組
　（例：福祉施設利用者、園児等の夏祭りイベント実施等）

外観　　　　　　　　　　　　　　　　　　施設イメージ

出所：市川市HPをもとにDBJ作成

木更津市他 新火葬場整備運営事業　～広域連携×PFIによる施設の効果的・効率的な整備・運営～

＜概要＞

・火葬場施設の老朽化や死亡者数の増加を背景に、効率的な行政運営を確保するため、木更津市及び
　その周辺三市（君津市・富津市・袖ケ浦市）の広域連携による共同整備を実施
　※周辺三市が応分の経費負担をすることで共同利用できる広域連携施設

＜特徴＞

・PFIによる財政負担軽減（VFM：約10％）のほか、広域連携によるスケールメリットを生かすこと
　で事業効率を最大化

・各市が単独整備する火葬炉数の合計よりも少ない炉数で対応が可能⇒事業費削減
　※4市がそれぞれ単独整備した場合の火葬炉数：合計18炉⇒広域連携・共同利用により10炉で対応可能

外観イメージ

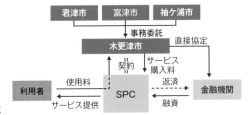

出所：木更津市HP、袖ケ浦市HPをもとにDBJ作成

24

図表18　＜事例⑦＞民間事業との融合・まちづくり（ステージ1－②「面・複合・広域」）

富山市旧総曲輪小学校跡地活用事業　～公有地活用を通じた官民連携のまちづくり～

＜概要＞
・富山市は公共交通を軸とした拠点集中型のコンパクトなまちづくりを推進
・市長意向で「民間にできるものは民間に」という視点でPPPに取り組む
・より活力ある地域経済の確立のため「まちなか居住の推進」をめざし、中心部小学校統廃合で生じた跡地を活用して、地域包括ケア施設（産後ケア施設を含むまちなか総合ケアセンター）をはじめとする生活の諸機能（スポーツクラブ、医療福祉及び調理系の専門学校、レストラン、カフェ、コンビニ等）がコンパクトに集合した場を整備

＜特徴＞
・市民サービス向上（⇒福祉機能を持った拠点施設と相乗効果が期待できる民間施設（薬局併設型のコンビニ等）の整備）
・中心市街地活性化（⇒定住人口、交流人口（特に若者）の増加、イベント等の増加による賑わい創出）
・地域のポテンシャル向上（⇒地価の上昇、固定資産税収入の上昇）

グンゼスポーツクラブ　医療・福祉・調理系　レストラン　薬局併設型コンビニ　まちなか総合　パティオ（広場）
（会員数約1,700人）　専門学校　（女性や若者が集まる）　（コンビニ：24時間）　ケアセンター　（交流・イベントの場）

出所：富山市HPをもとに㈱日本経済研究所作成

②効果

　図表19は、改めて「ステージ1」の展開等について、別の角度から整理を行ったものである。この中でも特に、PPP/FIの「効果」を中心に見てみたい。

　まず、「ステージ1－①」の「ハコモノ事業」であるが、これについては性質上、民間による「運営」がほぼ含まれないということや、「パッケージでのサービス提供」とはやや異なる事業となることもあり、従来、いわゆる「お掃除PFI」といった皮肉めいた言われ方をされることも多かったところである。

　しかしながら、当該事業についても、改めてその効果の評価を前向きかつ正当に実施することは大変重要なことと考えられる。具体的には、PFIの活用により、これまで多くの施設で、財政負担の平準化・軽減の他、民間による計画的な修繕等を通じた施設の劣化防止等が、効果的・効率的に図られてきたということが言える。

　また、加えて、先にも記載した通り、民間の収益事業との一体的な実施を通じて、多くの新しい魅力的な拠点の創出等に貢献してきたということも、改めて指摘

しておくべきことであろう。

　次に「運営型事業」であるが、これについては、民間による「パッケージでの
サービス提供」が活かされるタイプの事業となることから、既述の「ハコモノ事
業」における効果に加えて、「サービス・利便性の質の向上」や、「人財の確保」
「新技術の導入」といった効果が、これも多くの施設で着実に具現化されてきたと
ころである。例えば、先に見た三重県桑名市による図書館等のプロジェクト事例に
おける自動貸出機やブックシャワーなどについては、まさに「運営型事業」にPFI
を活用したことならではの効果と言える。

　続いて、「PPP事業」であるが、これについては、いわばまず最初にPFIが契機
となり、そのベースの上に、例えば「維持管理・運営部分限定で民間の力を活用」
するタイプの指定管理者制度や、遊休公有地・遊休公有施設・廃校等の民間活用事
業といった、多様なPPP事業へと広がりが創出されてきたと整理をすることもでき
る。すなわち、換言すれば、PFIを契機に、「公共の課題やニーズに応じて多様か
つ適切な手法を活用することで、官・民・住民三方良しの解決を図っていく」とい

図表19　ステージ1の展開等（概略）

ステージ1-①　「点・単体・個別」

	PFI			PPP
	ハコモノ	展開	運営型	
分野例	学校、公営住宅 庁舎、公務員宿舎 等		図書館、スポーツ施設、公園、 道の駅、給食センター、斎場、 ゴミ処理場 等	公の施設の維持管理・運営、 公有地を活用した民間事業 全般、廃校の民間活用 等
主な効果	財政負担の平準化・軽減 計画修繕等による劣化防止 等		サービス・利便性の質の向上 賑わいの創出 専門的人財の確保 新技術導入 等	公共の課題・ニーズに応じた 活用 民間の事業機会創出 魅力的なまちづくり 等
事業方式 ・手法	サービス購入型		サービス購入型、混合型、 独立採算型	指定管理、定期借地権、 包括委託、設置管理許可、 リース 等

ステージ1-②　上記について、「点・単体・個別」→「面・複合・広域」へ展開
（バンドリング、複合化・集約化、広域連携事業、民間収益事業との複合事業・まちづくり事業等）

出所：DBJ作成

う展開・効果が生まれたと言うこともできよう。

　図表19の下段にある「ステージ1－②」については、ひと言で言えば、これらの手法がさらに様々な形で「面的・複合的・広域的」に活用されるようになっていったという展開と言える。そしてこのステージについても、大事なことは、「効果」をしっかり把握することであろう。

　例えば、公共施設の複合化事業等について言えば、「性能発注における民間ノウハウ活用を通じて効果的・効率的なレイアウトが実現される」といった効果・メリットや、「余剰地・余剰容積を民間のノウハウによって上手に活用する」といった効果・メリットなどが考えられるということである。

　なお、ここでポイントとなるのは、「事業実施による効果」と「民間活用による効果」について、しっかりと区分して把握・整理することが極めて重要だということである。今回のDBJグループによる研究・検討においても、努めてそのような整理にトライをしてきた。これは言うほど簡単なことではないが、各関係者がこの重要性についてしっかりと適切に理解・認識し、しっかりとした把握・整理を貪欲かつ不断に追求していくことによって、いわば「"使える手法"がより光り輝く形で適切に使われる」といったことに繋がっていくものと考えられる。

③留意点(図表20)

「ステージ1」の効果については、以上で述べてきたものに加え、これまでの事業でVFMもしっかりと定量的に創出されてきたこと等も挙げることができる。ただ、より大きな観点で言えば、そうした種々の効果が創出される源泉としては、先に述べた、PFIにより生まれた様々な概念、すなわち、「官の役割のパラダイムシフト」「パッケージでのサービス提供を通じた付加価値創出」「プロジェクト・マネジメント」「官民のリスク分担」等の存在があったと考えられる。

　これらを総合的に踏まえると、PPP/PFIは、社会にある種の新しい価値観をもたらしたと言うこともできよう。いわばPPP/PFIは、公共施設や公共サービスに係る課題解決の一推進手法であると同時に、ある意味それを超えた意義をもたらしたのではないかということである。

　一方で、「ステージ1」における留意点もある。

まず1点目として、これまでにPFIが活用されてきた施設は、外部から獲得するキャッシュインフローを伴わないものが多かったため、結局は公的財源で事業費を賄う手法（＝サービス購入型）が中心となっていたということである。図表中の円グラフで、これまでの実績を見ると、約7割がこの「サービス購入型」事業であることが確認できるであろう。

　2点目は、「活用分野」に関することである。これまでの実績では、ハコモノ分野における活用事例は比較的多種多様でバラエティに富んでいる一方で、インフラ分野での活用はまださほど見られない状況にある。これについては、理由はいろいろと考えられるところであるが、まず事実としてそのような状況にあるということである。

　そして3点目として、民間運営ノウハウ等を存分に活かそうとする場合には、別途指定管理者制度を併用して補完することが必要であるなど、PFIの制度・スキームだけでは不十分な側面もあったということである。

　いわば、上記のような点が、「ステージ1」の特徴でもあり、またある意味で限界でもあったと言うことができるであろう。

図表20　ステージ1の効果と留意点（概略）

＜効　果＞	「公共サービスを官が民からパッケージで調達する」新たな概念のもと、財政負担軽減やサービスの質向上、公共施設と民間収益事業の融合、課題・ニーズに応じたPPPによる解決（公設民営、民設公営、公有資産の民間活用等）、「面・複合・広域」での民間ノウハウ活用、ファイナンスを通じたガバナンス　等
＜留意点＞	・主に、公的財源で事業費用を賄う方式（サービス購入型）が中心 ・民間運営ノウハウ等を存分に活かすには、指定管理で補完が必要など、PFIのみでは不十分な面も⇒ステージ1の特徴・限界

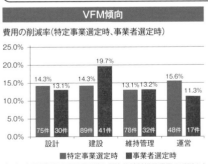

VFM傾向

費用の削減率(特定事業選定時、事業者選定時)

設計 14.3% / 13.1%（75件 / 30件）
建設 14.3% / 19.7%（89件 / 41件）
維持管理 13.1% / 13.2%（78件 / 32件）
運営 15.6% / 11.3%（48件 / 17件）

■特定事業選定時　■事業者選定時

出所：内閣府「PPP/PFI手法導入優先的検討規程運用の手引き」
（2017年1月）　※地方公共団体等へのアンケート結果に基づく

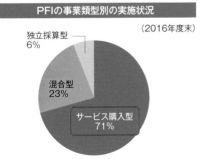

PFIの事業類型別の実施状況

（2016年度末）

独立採算型 6%
混合型 23%
サービス購入型 71%

出所：内閣府「PFIの現状について」をもとにDBJ作成

❸ 「ステージ2」について

①「ステージ1」から「ステージ2」へ

以上、「ステージ1」について見てきたが、この「ステージ1」から次の「ステージ2」へ移行していく転換点としては、2011年に実施されたPFI法の大改正であったと整理することができる。ここで、この法改正の背景について、2点ほど指摘しておきたい。

まず1点目は、国・地方ともに厳しい財政状況の中、全国各地において、多くの老朽化した公共施設・公共インフラの更新対応を実施する必要性が高まってきたということである。

図表21には、2009年度版の国土交通白書からグラフを引用している。「今後約30年後には、公共インフラの新設のみならず、更新等についても、公共財源だけでは賄えなくなるかもしれない」というインパクトある示唆を持つ当該グラフの内容について、鮮明に覚えている方々も多いのではないだろうか。これが1点目の背景と

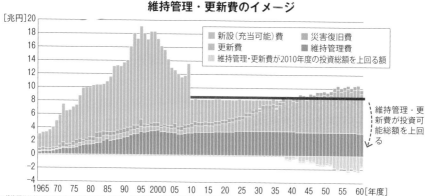

図表21 ステージ1⇒ステージ2へ（2011年PFI法改正）

- ●厳しい財政状況における老朽化インフラ更新対応の必要性、内向きなインフラ関連産業の成長戦略等の観点から、民間の資金やノウハウの最大限の活用が重要に
  ⇒政府主導（閣法）のPFI法改正により、コンセッション方式（公共施設等運営権）導入

維持管理・更新費のイメージ

※投資可能総額：2010年度以降横ばいとして設定　※更新費：耐用年数経過後、同一機能で更新する場合にかかる費用　※維持管理費：社会資本のストック額に応じて推計
出所：国土交通省「平成21年度国土交通白書」をもとに㈱日本経済研究所作成

言える。

　2点目は、当時の国土交通省成長戦略会議でも議論されていた通り、公共事業依存型の内向きな我が国インフラ関連産業の成長戦略を考える必要があったということである。

　そのようなことから、民間資金・民間ノウハウを最大限に活用していくことの重要性にスポットが当たり、そして、PFIが改めて注目を集めることとなる流れができたと言える。

　ただ、その一方で、それまでのPFIについては、先に述べてきたような特徴・限界もあったところである。とりわけ、インフラ分野に関して言えば、個別の公物管理法による各種制約なども存在していたことであろう。

　そうした背景から、2011年に、政府主導によるPFI法の大改正が実施され、「コンセッション方式（公共施設等運営権）」が導入されるに至ったということである。

②「ステージ2」の特徴・事例

　「ステージ2」の特徴をひと言で表せば、「インフラ分野を含めた経営・マネジメントの実施」ということになろう。また、それを実現するための大きなカギとなる手法が「コンセッション」ということが言える（図表22）。

　このコンセッションの特徴的なポイントとしては、民間による、「事業リスクの負担とリターンの追求」「更新投資の実施」「裁量を持った長期的運営」といったことが挙げられる。

　コンセッションの官民それぞれにとっての効果・メリットについては、主に以下のようなことが教科書的には言われてきたところである。

　＜官にとっての主なメリット＞
・施設所有等の形で自らの関与を確保しつつ、民間ノウハウ導入による効果的・効率的な公共施設経営が可能となる
・民間へのマーケットリスク移転、事業リスク移転が可能となる
・公共施設等運営権設定の見返りに民間から獲得する対価をもって、既存債務の圧縮や新規事業の実施に繋げることが可能となる（※事業採算からプラスの対

価が期待できるケース）

・公務員技術の継承や組織スリム化が可能となる

＜民にとっての主なメリット＞

・安定的かつ強固な権利である公共施設等運営権をもとに、自らのノウハウ・創意工夫をもって、利用料収入を伴う公共施設運営という新たなビジネスが展開可能となる

・公共施設等運営権は、無形資産であり不動産取得税や固定資産税の対象とならないため、その面では行政と同じ経済的条件のもとで事業実施することが可能となる

・みなし物件である公共施設等運営権を担保として、金融機関からの資金調達を行うことも可能となる

　一方、以上のような教科書的な事項の他、ここでは、「地域にとってのコンセッション導入の意義」について、基本的ながらも別の切り口から2点記載してみたい。すなわち、コンセッションには、官民連携による経営・マネジメント力の導入を通

図表22　ステージ2の特徴（インフラ分野を含めた「経営・マネジメント」）

●コンセッション方式：利用料金徴収を行う公共施設について、施設の所有権を公共に残したまま、民間が事業リスクを負担し、更新投資等含め裁量をもって長期運営等を実施（空港、道路、上下水道等）
●民間の「経営・マネジメント能力」導入により、経済の「トップラインの伸長」（空港：エアライン誘致による集客増⇒商業施設収益増等による一体運営等）、「ボトムライン悪化の緩和」（上下水道：維持管理・改築等の一体実施によるライフサイクルコスト最適化、ICT技術等導入による効率化、それらを通じた料金値上げ幅の緩和等）等を実現

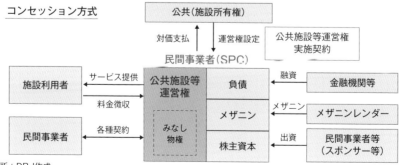

コンセッション方式

出所：DBJ作成

じて、まず1点目は、「地域経済のトップラインを伸ばす」効果があるということである。これについては、空港を例に考えてみればわかりやすいであろう。

　そして2点目は、「地域経済のボトムラインの悪化を緩和する」効果があるということである。これについては、端的な例で言うと、上下水道をイメージすると良いだろう。例えば、民間がより長期にわたって幅広な維持管理・更新を一体的に担い、自らのICT技術の導入等も通じて、事業の最適なプランニングやマネジメントの推進をめざすケースである。そのような取組の中で、事業のLCC（Life Cycle Cost：ライフサイクルコスト）の最適化が図られることを通じて、公共サービスの質を維持・向上しながら、「いずれどのみち上昇は避けられない上下水道料金の値上げの"幅を緩和"」するような効果が期待できるということである。

　コンセッションの活用事例についても少し触れておきたい。「トップラインを伸

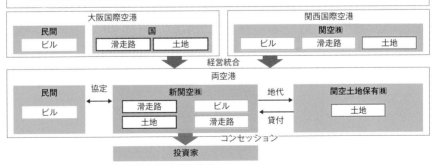

図表23　＜事例①＞トップラインの伸長（ステージ2「経営・マネジメント」）

トップラインを伸ばすインフラ運営（空港等）

関西国際空港・大阪国際空港
・契約期間：2016年4月1日～2060年3月31日（44年）
・関西国際空港及び大阪国際空港の運営権を運営権者（関西エアポート㈱）へ売却し、その売却代金（運営権対価）により既存の債務を返済
・コンセッション後は、運営権者が空港運営事業を実施（事業リスクを運営権者に移転）する一方、資産（空港用地・滑走路・ターミナルビル等）は新関空㈱が保有し、運営権者による空港運営の適切性を確保するためモニタリングを実施
・運営権対価：約2兆2,000億円

出所：大阪府HP、関西エアポートHPをもとにDBJ作成

32

ばす」分野としてわかりやすい空港については、関西国際空港・大阪国際空港、仙台空港を皮切りに、福岡空港、北海道7空港等、既に多くの取組がスタートしていることは周知の通りである（図表23）。

　一方、「ボトムラインの悪化を緩和する」分野の取組としては、浜松市による下水道の終末処理場への活用事例などが挙げられる（図表24）。

　ただ、この「ボトムライン型」の取組、特に上下水道分野への活用については、「トップライン型」の空港等に比べると、少しまだ進みが遅いということも言えるのではないだろうか。この理由は、様々考えられるところではあるが、1点指摘しておくべきは、上下水道のような、トップラインが上がっていかない前提の分野において、「ボトムラインの悪化を緩和するために、官民連携を活用することが有益である」ことの意味・理由が、一般にわかりにくい側面があろうということである。したがって、これらの分野については、官民連携による意義・効果等について、改めて、地域の関係者でしっかりと理解を深めてから取組をスタートすることが重要であると考えられる。

図表24　＜事例②＞ボトムライン悪化の緩和（ステージ2「経営・マネジメント」）

ボトムライン悪化を緩和するインフラ運営（水道）

《浜松市》　公共下水道終末処理場
・契約期間：2017年10月16日～ 2038年3月31日（約20年）
・事業者は、西遠処理地区にて浄化センター、2ポンプ場の経営・改築・維持管理・設備更新等を一体的に実施
・維持管理及び改築の一体的実施、ICT技術等の導入による効率化、公共調達の制約を受けない設計・調達上の工夫など、民間の活力や創意工夫により、ライフサイクルコストを削減（約86億円）
・運営権対価：25億円

出所：浜松市HPをもとに㈱日本経済研究所作成

4 これまで20年の評価

「ステージ1」「ステージ2」と見てきたが、両ステージを通しての総合的な評価について整理してみたい。

まず大きく言えることとして、近時、先輩格のイギリスではPFIについていろいろと批判も出ている一方で、日本においては、これまで総じて着実な展開を見せてきたということである。

具体的な数字で確認しよう。2018年度末現在における日本のPFI事業実績は、件数ベースで累計740件。これについては、一足先にスタートしたイギリスが累計約700件であり、勿論、単純比較はできないものの、既にこれに比肩する数字を挙げているということである。また加えて、事業費総額ベースでは約6.3兆円。これについては、VFMの推計にして、既に累計で1兆円以上もの効果を達成したということが言える。

次に、経年の推移を政府の統計から追ってみよう。図表25にある通り、特に「ステージ2」以降は件数が右肩上がりとなっていることも確認できる。この要因は様々考えられるが、一つ言えるのは、政府による強力な推進態勢・推進施策が大きな背景にあるということであろう。

一方で、日本のPPP/PFIには、まだ伸び代があるということも言えるのではないだろうか。そのように考えられる背景として、参考までに数字を一つ紹介してみたい。具体的には、この20年間の国全体のインフラ整備費のうち、PFI事業が占める割合を試算すると、1%程度。また、同様の試算を、DBJにおいて6年ほど前に、その直近10年間を対象に実施した際には、約1.5％であったが、一方で、この数字を当時オーストラリアを対象に同様に試算したところ、おおよそ8%という結果であった。

これらの数字については、勿論、諸外国と単純な比較をできる性質のものではない。また、日本においても、PFIの活用実績は、この5～6年の間にさらに伸びてきている他、政府のアクションプランにおいて、PPP/PFIの類型がより幅広い形で整理されたことから、それらのカウント等も含めて考えれば、さらに順調な拡大を見せてきていると整理することもできる。ただ、PPP/PFIの有意義な活用につ

いては、期待も込めて、まだまだ伸ばすことができるのではないか。使える手法を
もっと使えるようにすることができるのではないか。そのように指摘できる側面も
あるように感じられる。

そのような問題意識の背景について、我が国におけるPFIのこれまでの振り返り
から見えてきた課題をもとに、以下で3点ほど触れてみたい。

⑤ 20年の振り返りから見た課題と適切な活用へ向けた視点

①課題と活用視点：その1

まず課題の1点目は、PFIがまだ全国各地の自治体に広がりきっていない側面が
あるのではないかということである。図表26を見てみよう。これまでにPFIを実施
したことがある自治体の数は、2012年度から2018年度にかけて、日本全体で189団
体から290団体へと、6年間で5割以上増加してきてはいる。また、人口20万人未満

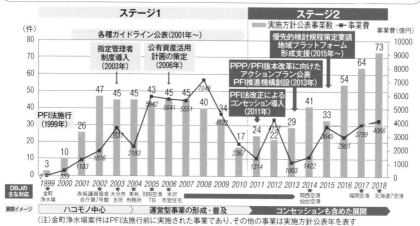

図表25　これまで20年の評価（ステージ1〜2）

- 近時のイギリスの動向等と異なり、日本ではこれまで総じて着実な展開
  ⇒2018年度末現在の事業実績：累計740件、事業費総額約6.3兆円
  ⇒ 近年、政府による強力な推進態勢
- 一方、まだ伸び代？（→国全体のインフラ整備費のうちPFIが占める割合（過去20年）は1％程度（※））
  ※1999〜2018年（20年間）の公的固定資本形成のうちPFI事業費が占める割合

（注）金町浄水場案件はPFI法施行前に実施された事業であり、その他の事業は実施方針公表年を表す

出所：内閣府民間資金等活用事業推進室資料をもとにDBJ作成

● 約8割の自治体がPFIを未実施：人口20万人未満の市区町村が多くを占める
　⇒意義・効果の普及等が不十分か

＜主体別及び地方公共団体規模別実施状況の比較＞

	2012年度		2018年度		合計
	実施	未実施	実施	未実施	
都道府県	28	19	33	14	47
政令市	19	1	19	1	20
市区町村 （人口20万人以上）	48	63	60	51	111
市区町村 （人口20万人未満）	94	1,516 （94%）	178	1,432 （89%）	1,610 （100%）
合計	189	1,599 （89%）	290	1,498 （84%）	1,788 （100%）

出所：内閣府民間資金等活用事業推進室資料

＜地域活性化に資するPPP/PFIに取り組む上での課題＞

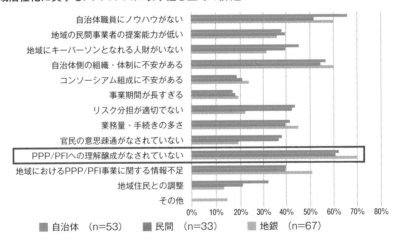

出所：PFI法施行20周年企画　アンケート調査

の市区町村についても、その期間、94団体から178団体へと、同様に大きく増加してきていることが確認できる。

ただ、一方、いまだPFIを実施したことのない自治体の数で見ると、2018年度末現在、日本全体で1,498団体もあり、これは日本全体の自治体1,788団体のうち、実に84％にも上る。そして、特にその太宗を占めるのは、人口20万人未満の自治体である。この人口20万人未満の自治体に限ってみると、全体1,610団体のうち、いまだ9割近くの1,432団体がPFIを未実施という実態となっている。

PFI活用実績のない自治体がまだ多く存在していることについて、理由は様々あるとみられるが、やはり、「使われない」「使われていない」ということは、本質的には、PFIの意義や効果の普及がいまだ十分ではないということが言えるのではないだろうか。

この点を踏まえた上で、PFIの適切な活用へ向けた視点について考えてみたい。まず一つめの視点として、現状は「PFI活用の意義や効果について腹落ちしていない」自治体が多い状況なのであるから、これを活用することの重要性の認識に繋がるような将来的な経営課題や、活用の効果について、しっかりと「見える化」していくことが重要ではないかということである。

例えば、将来的な経営課題の面について言えば、DBJでは、3年ほど前に、水道料金の将来シミュレーションを実施し、「約30年後には、日本全体の水道料金を、現状よりも6割以上値上げしなければならないこととなる可能性がある」という試算結果を公表した（図表27）。これは、言うまでもなく各地域にとって大変にインパクトのある事柄であり、「これを少しでも緩和する必要がある」「緩和するためには、解決策として、広域連携や官民連携、PFIなどを活用していかなければならない」といった気付きに繋がる。このような、各地の自治体の「お尻に火をつける」ことに繋がる、経営課題の見える化が重要ということである。

また、PFI活用効果の見える化の面については、先に少し記載したこととも関連するが、「VFM以外の面における、PFI活用の定量的・定性的評価をいかに実施するか」といったことが非常に重要となってくると考えられる。これについては、より大きな観点で言うと、各自治体において「EBPM（Evidence-Based Policy Making：

証拠に基づく政策立案）」などの取組をしっかりと実践していく中で、PFIについても、このような取組に踏み込んでいくような流れが重要となってくるものと考えられる。

　PFIの適切な活用へ向けた二つめの視点としては、国を挙げて推進している、先進自治体の知見・経験の移転などの取組を引き続き強化していくことに加え、各自治体においては、まずはシンプルな事業を実施することによって、「"始めの一歩"を踏み出す」「"始めの一歩"としての成功体験を積む」ことが重要ではないかということである（図表28）。

　例えば、小規模なハコモノ事業や、道の駅など、題材は様々考えられるが、こうした事業に、「地産地消型」「地域完結型」で取り組んでみることを通じ、自治体・地域企業・地域金融機関それぞれに、まずは成功体験を積むということである。このような小規模な事業については、場合により、リスクの厳密なアンバンドリングなどにはこだわらなくても良いということも言えるのではないだろうか。構成企業とSPC（特別目的会社）との境目がやや曖昧となるケースなども含め、まずは兎に

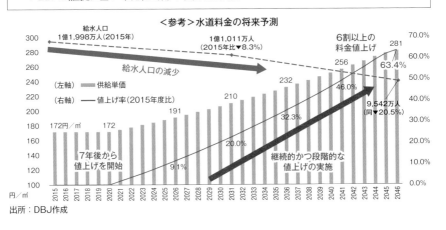

図表27　適切な活用に向けた視点①（１）

● PFI活用の重要性認識に繋がる将来課題や活用成果の見える化(課題例：水道料金の将来予測、効果例：VFM以外の定量・定性効果等)

⇒ EBPM(証拠に基づく政策立案)の取組の重要性

＜参考＞水道料金の将来予測

出所：DBJ作成

も角にもシンプルな形で実施してみる、という視点があって良いだろう。

　また、近時は、日本全体で年間約500校ものペースで増加してきている廃校の民間活用などについても、既に全国に様々な地域活性化の事例なども創出されてきているところである。これらの中には、民間事業者が単騎で実施できるPPP事業なども様々考えられることから、まずは官民ともにそうした取組で少しずつ成功体験を積んでいくことなども重要な視点と考えられる。

②課題と活用視点：その2

　課題の2点目は、防災・減災や国土強靱化（きょうじん）の観点からも重要となる、道路等の社会インフラ分野の課題解決に向けて、より一層PFIが活用できるのではないかということである。

　図表29にある通り、現状、道路他、社会インフラの維持管理・更新費は、年間約6兆円にも迫る勢いとなっている。ただ、そのような中、先にも記載した通り、この社会インフラ分野へのPFI活用実績は、これまでのところまだ非常に少ない状況

図表28　適切な活用に向けた視点①（2）

- ●先進自治体に蓄積された知見・経験の移転
- ●シンプルな地産地消型PFIや廃校活用事業等での成功体験(始めの一歩)等

＜国等によるサポート体制や先進自治体の取組＞

課　題	国等の施策 （内閣府、国交省、DBJ等）	先進自治体の取組
PPP/PFIの理解醸成不足	地域プラットフォーム PPP/PFI大学校	庁内職員向け研修 地域プラットフォームの設置
自治体におけるノウハウ不足	PPP/PFI専門家派遣 ワンストップ窓口 国土交通大学校での職員研修 PPPサポーター	先進自治体へのヒアリング 類似事例の調査 外部コンサルタントの活用　等
自治体の組織・体制への不安	専門家派遣によるハンズオン支援	PPP/PFI専門部署の設置 庁内検討会議の設置

出所：DBJ作成

にある。

　この点に関する、PFIの適切な活用へ向けた視点としては、「シンプルな工夫を施すだけでも、官・民・住民ともにメリットのある取組に繋げることができる可能性がある」という問題提起をしてみたい（図表30）。

　具体的には、道路・橋梁等インフラ分野における、事業期間3～5年程度の包括委託事業は、北海道清里町・大空町や東京都府中市を皮切りに、これまで複数の自治体で実施されてきているが、これを、例えばPFI法に基づくPFIのスキームを活用して実施すれば、事業期間を公明正大な形でさらに10年や15年などへと延ばすことができる。

　勿論この場合、「地域にとって当該インフラの存在の重要性は、事業期間を通して不変であるか否か」といった、在り方見直し・検討が行われていることは大前提である。

　このように、より長期で事業実施することを通じて、公共サイドにとっては、契約事務の簡素化に加え、工事時期平準化等により生まれる財政負担の軽減効果を、

図表29　これまでの振り返りから見た課題②

● 道路等インフラの課題解決への活用　⇒維持管理・更新費：年間6兆円規模

● 気候変動等により自然災害が頻発・激甚化する中、防災・減災や国土強靱化の観点からも重要

<参考>維持管理・更新費の推計（分野別の推移）

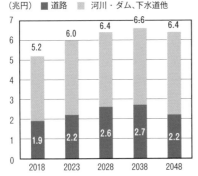

出所：国土交通省所管分野における社会資本の将来の維持管理・更新費の推計（国交省作成）をもとにDBJ作成

<参考>気候変動による自然災害の頻発・激甚化

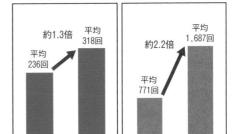

出所：令和元年11月7日経済財政諮問会議（国交省作成資料）をもとにDBJ作成

さらに絶対額が増加した形で享受できることとなる。また、民間サイドにとっては、日々の地域企業のノウハウや目が活きる業務を、長期・大ロットで任せてもらうことで、技術者の採用や育成も含め、より本格的に腰を据えて取り組むことが可能となる。

先に見た、社会インフラの維持管理・更新費約6兆円の一部について、例えば、こうしたシンプルなPFI活用の一層の推進を想定するだけでも、「公共サイドにとっては、VFMがマクロでこれだけ創出される」「民間サイドにとっては、PFIマーケットが新たにこれだけ生まれる」といったことが言えることとなり、官民にとって夢のある世界が広がることになるのではないだろうか。そうした効果のわかりやすい見える化なども通じて、さほど難しいことを考えずシンプルにPFIを活用するだけでも、大きな地域課題・社会課題の解決へ、関係者WIN-WINの形で繋げることができると考えられる。

また、その際には、「アベイラビリティペイメント」などをはじめとして、スキームの効果をより高める工夫なども、様々なものが考えられよう。

図表30　適切な活用に向けた視点②

- ●シンプルな長期・包括維持管理型PFIの普及・活用や市場規模の見える化
  - ・公共のメリット：契約事務の簡素化、工期平準化による財政負担軽減
  - ・民間のメリット：長期・大ロットで取り組むことで、技術者の採用・育成等を含めた取組が可能
    ⇒ 将来の維持管理費推計等に基づく財政負担削減効果や、PFIマーケット規模の見える化を通じ、官民にとって魅力ある事業領域に
  - ・留意点：従来方式(単年度予算、分離分割発注等)からの意識改革や、それらとのベストバランス等
- ●スキームの効果を高める工夫(アベイラビリティペイメント等)
- ●現行法制度枠内でのベストプラクティス検討　等

＜参考＞各種スキームやその効果を高める工夫
　アベイラビリティペイメント、混合型・新設資産コンセッション、橋梁バンドリングPFI事業等、各事業分野に適した事業手法・スキームの開発等が重要

＜イギリスのアベイラビリティペイメントの例＞

出所：㈱日本経済研究所作成

③課題と活用視点：その3

　課題は様々あるが、ここではもう1点だけ、3点目として、新技術の導入の在り方に関することを指摘しておきたい。昨今、民間部門におけるICT技術等の進化のスピードは、非常に著しいものがある。仮に公共セクターが、PFI事業において、これらの絶えず進化する新たな技術を適切かつ不断に取り入れようとすると、事業選定時等の評価において、VFMを含め、プルーブンテクノロジー（既に確立済の技術）の世界だけでは測れなくなるのではないかということである。

　これに関しては、今の段階でまだ明快な解と言えるものはないかもしれないが、こうしたものへの将来的な評価の在り方をどうするかといったことや、事業実施中における技術進歩に応じた事業見直し協議をどのような方法・ペースで導入していくべきか、等の検討をしていくことが、今後重要になってくるものと考えられる（図表31）。

　以上、我が国におけるPFIのこれまでの振り返りから見た課題と今後の活用へ向けた視点について、大きく三つの側面から見てきた。

図表31　これまでの振り返りから見た課題③と適切な活用に向けた視点③

＜課題＞

①進化著しい民間ICT等新技術の適切な導入

②性能発注が機能しにくい

③既存の制度・枠組みや固定観念（「官の領域」「民の領域」）にとらわれない意識　等

＜適切な活用に向けた視点＞

●未確立技術提案へのVFM等評価の在り方検討　等

⇒　①〜③までの課題等を踏まえると、PFIの制度や運用の改善・進化等の他、
　　PPPのさらなる展開を含む多様な官民連携の適切な活用等も重要

出所：DBJ作成

　これらを改めて総合的に踏まえるに、PFIの制度や運用を絶えず進化させていくことも無論重要であるが、同時に、これまで着実な展開を見せてきている幅広いPPPも含めて、さらに多様な官民連携をより一層適切に活用していくことが大変重要であるということも言えるのではないだろうか。

６ イギリスPFIの近時動向等について

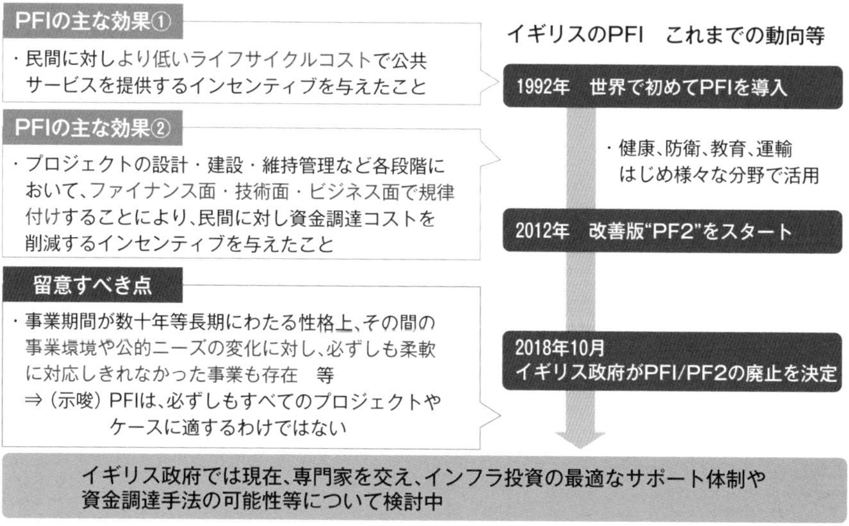

　なお、近年、「イギリスにおけるPFIの廃止」や「フランスにおける水道事業の再公営化」などの報道も踏まえて、「ヨーロッパなどでは、いわゆるPPP/PFIの"揺り戻し"が起こっている」との印象を持つ向きも多いのではないだろうか。このあたりの動向についても、参考までに少しだけ触れておきたい（図表32）。

　まずイギリスについては、PFI制度廃止の報道は周知の通りである。しかしながら、現地関係当事者の言葉を借りれば、これまでイギリスPFIが、民間事業者に対し、低いLCCで公共サービスを提供することなどのインセンティブを与え、サービス購入型を中心とした多くの事業で着実な実績・効果を上げてきたことは紛れもな

図表32　イギリスのPFIの近時動向等

PFIの主な効果①
・民間に対しより低いライフサイクルコストで公共サービスを提供するインセンティブを与えたこと

PFIの主な効果②
・プロジェクトの設計・建設・維持管理など各段階において、ファイナンス面・技術面・ビジネス面で規律付けすることにより、民間に対し資金調達コストを削減するインセンティブを与えたこと

留意すべき点
・事業期間が数十年等長期にわたる性格上、その間の事業環境や公的ニーズの変化に対し、必ずしも柔軟に対応しきれなかった事業も存在　等
　⇒（示唆）PFIは、必ずしもすべてのプロジェクトやケースに適するわけではない

イギリスのPFI　これまでの動向等

1992年　世界で初めてPFIを導入

・健康、防衛、教育、運輸
　はじめ様々な分野で活用

2012年　改善版"PF2"をスタート

2018年10月
イギリス政府がPFI/PF2の廃止を決定

イギリス政府では現在、専門家を交え、インフラ投資の最適なサポート体制や資金調達手法の可能性等について検討中

出所：DBJ作成

い事実と考えられる。

ただ、留意すべき点として、一般にPFIの事業期間が長期にわたる性格上、その間の時代のニーズや事業環境の変化等に対し、必ずしも柔軟に対応しきれなかった事業も出てくるなど、様々な課題も顕在化してきた。このため、極めて単純な話として、「PFIの良いところは残しつつ、改善すべきところは改善すべき。このため、制度を建設的に見直そう」という議論に至ったものと理解すれば良いだろう。

また、フランスにおける水道事業再公営化の報道などを巡っても、現地関係当事者の言葉を借りれば、民間事業者が持つ運営の効率性や新技術の導入などのメリットは揺るぎないものであり、総じて引き続きより一層活用していこうという動きにはなっている。

ただ、留意すべき点として、これまで数十年に及ぶ長期契約によって民間委託を実施してきた事業などでは、時の経過とともに公共セクターによるモニタリング機能が弱まっていってしまうなどの弊害も顕在化してきた。このため、フランスについても、「公共セクターとして反省すべき点は反省し、モニタリング機能の回復等を図りつつ、活用すべき民間のノウハウの活用は一層進化させるべき。このため、制度面も含めて再構築を行っていこう」という方向性になっているものと考えられる。

ここで重要なことは、イギリスとフランスのいずれのケースでも、現地においては、「制度を廃止すべき／残すべき」「民間活用をやめるべき／続けるべき」などの、いわゆる「ゼロか1か」「ゼロか100か」という極端な議論は行われていないということである。

この点、「ゼロか1か」の議論が比較的行われがちなのは、むしろ我が国のほうではないだろうか。そうした意味では、改めて、現地で起こっていることの実態をしっかりと正確に把握した上で、それを自国へ着実かつ貪欲に活かしていくことが重要である。

現地での反省すべき点に関しても、あらかじめ先人たちの貴重な教訓があるのであるから、それを踏まえて、さらにより良い取組や制度に繋げられるチャンスと捉えて、PPP/PFIを適切に活用していくことが重要であると言えよう。

1-4 今後の地域活性化・地域創生へ向けた 「未来志向型」官民連携の在り方

1 地域を取り巻く環境と「未来志向型」官民連携の方向性

　以上を踏まえて、ここからは、今後の「未来志向型」官民連携の在り方について検討を進めていきたい。

　検討にあたり、改めて、これまでのPPP/PFIの展開を、図表33のマトリクスで整理しておこう。図表の横軸が、左から右方向へ、「点・単体・個別」から「面・複合・広域」へと展開する軸である。そして縦軸が、下から上方向へ、「整備・維持管理（モノ・ハード）」から「経営・マネジメント（サービス・ソフト）」へと展開する軸である。

　先に記載してきた通り、スタート当初のPFIは、まず左下の象限、すなわち、個別の公共施設の効果的かつ効率的な整備・維持管理や課題解決に活用されること

図表33　これまでのPPP/PFIの再整理

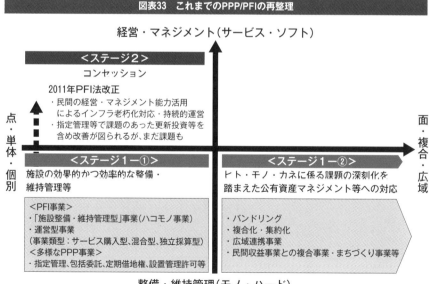

出所：DBJ作成

で、着実な成果・効果を上げてきた（「ステージ1－①」）。

　また、ヒト・モノ・カネに係る課題の深刻化が進展する状況下、公有資産全体の課題解決や、「面としてのまちづくり」を実施する中で、より幅広いPPP手法も含めて有効活用される動きも生まれた。すなわち、「ステージ1－①」から「ステージ1－②」へと向かう、右横方向への進化である。

　そして、さらにその後、財政制約下における老朽化公共インフラ更新対応の必要性等を背景に、PFI法の大改正が行われ、官民連携を通じた「経営・マネジメント」の実施をインフラ分野も含めて導入していく、新しい大きな流れへと展開してきた。すなわち、「ステージ1」から「ステージ2」へと向かう、左上方向への進化である。

　これまで上記のような展開によって、主に公共施設分野の課題解決面を中心に実績を上げてきたPPP/PFIの手法や思想は、今後、地域課題や社会課題が多様化・複雑化していく中で、どのように活用することができるであろうか。どのように未来志向型へ展開することができるであろうか。

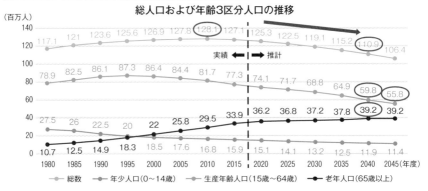

図表34　地域を取り巻く環境①

地域を取り巻く環境①　ピンチの進展

人口減少・超高齢化、人手不足・専門人財不足、公共施設・インフラの老朽化、財政逼迫等のマイナスの課題がより深刻化

総人口および年齢3区分人口の推移

出所：第2期「まち・ひと・しごと創生総合戦略」策定に関する有識者会議（第1回）内閣官房まち・ひと・しごと創生本部事務局作成資料をもとにDBJ作成

　それを考える上で、地域を取り巻く課題や環境について、いま一度確認しておこう。まず1点目としては、人口減少・超高齢化、人手不足・専門人財不足、公共施設・インフラの老朽化、そして財政逼迫（ひっぱく）など、いわば「マイナスの課題」や「ピンチ」がますます先鋭化・深刻化していくということである（図表34）。

　一方、2点目として、「チャンス」もある。具体的には、民間セクターの新しいテクノロジーは絶えず進化し、また、2019年度まで大きな伸びを見せてきたインバウンドなどの潜在的可能性も大きい（図表35。※注：インバウンドについては、2020年に入って以降の新型コロナウイルスの世界的な流行により、足元では急激な減少を余儀なくされている）。

　今後の地域活性化や地域創生をめざす上では、マイナス面の課題対応やピンチへの対応のみならず、プラスの環境の活用やチャンスの取り込みをしっかりと実施していく視点が重要である。そしてその際、いずれの面においても共通して言えることとしては、個々の資産単位や個々のプロジェクト単位、そして個々の自治体単位だけで課題対応策を検討・実践するのみでは不十分であり、限界があるということ

図表35　地域を取り巻く環境②

地域を取り巻く環境②　チャンスの到来

・ICT技術進展、訪日外国人（インバウンド）急増等のプラスの環境を活かす必要

新技術で実現する将来の社会像の例

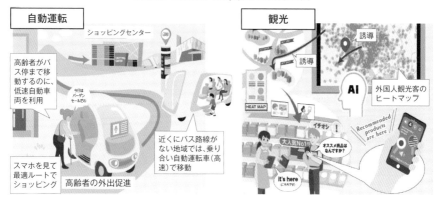

出所：未来技術×地方創生検討会中間取りまとめ概要（内閣官房まち・ひと・しごと創生本部作成）

であろう。

　そのような観点を踏まえると、今後のPPP/PFIは、公共施設・インフラをはじめとする地域の課題や事象を「面・複合・広域」的に捉えた上で、それらを対象に、関係者の連携・協働による「経営・マネジメント」を実践し、かつ進化させていく方向性の中で、存分に活用されていくべきであると言えるのではないだろうか。

　これは、図表36のマトリクスの中で言えば、「ステージ1－①」から右斜め上方向に伸びるベクトルである。この右上の象限を、PPP/PFIや官民連携に係る未来志向型の「新たなステージ」として位置付け、民間の新しいアイデア・技術導入による新たな取組なども通じて、攻め／守り両面の地域課題・社会課題対応を実践していくような視点が今後重要となってくると言えよう。

❷「未来志向型」官民連携の想定分野

　では、PPP/PFIや官民連携におけるこの「新たなステージ」では、どのような

図表36　これまでのPPP/PFIと今後の「未来志向型」官民連携

経営・マネジメント(サービス・ソフト)

未来志向型

<ステージ2>
コンセッション

2011年PFI法改正
・民間の経営・マネジメント能力活用によるインフラ老朽化対応・持続的運営
・指定管理等で課題のあった更新投資等を含め改善が図られるが、まだ課題も

<新たなステージ>
民間の新しいアイデア・技術導入による新たな取組を通じた、攻め／守り両面の地域課題・社会課題対応
・上下水道分野等で官民協働事業体を活用した実質的広域化
・公有資産マネジメントを契機としたまちづくり再構築(「コンパクト＋ネットワーク」の実行・実現)
・ハードインフラ(空港等)とソフトインフラ(DMO、データ基盤等)の一体運用

点・単体・個別

面・複合・広域

<ステージ1－①>
施設の効果的かつ効率的な整備・維持管理等

<PFI事業>
・「施設整備・維持管理型」事業(ハコモノ事業)
・運営型事業(事業類型：サービス購入型、混合型、独立採算型)
<多様なPPP事業>
・指定管理、包括委託、定期借地権、設置管理許可等

<ステージ1－②>
ヒト・モノ・カネに係る課題の深刻化を踏まえた公有資産マネジメント等への対応

・バンドリング
・複合化・集約化
・広域連携事業
・民間収益事業との複合事業・まちづくり事業等

これまでのPPP/PFI

整備・維持管理(モノ・ハード)

出所：DBJ作成

48

分野でどのような取組が想定できるであろうか。また、どのような取組が推進されるべきであろうか。ここでは、三つの側面から記載してみたい。

①「ボトムライン悪化の緩和」

まず一つめとして、「地域経済のボトムラインの悪化を緩和する」観点から、水道分野を挙げたい（図表37）。

水道分野については、経営主体である全国各地の公営事業体（自治体）が、ヒト（技術系職員の人手不足）・モノ（設備・管路等の老朽化）・カネ（給水人口減等に

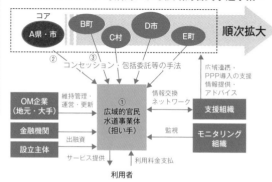

図表37 「未来志向型」官民連携の想定分野例①（ボトムライン悪化の緩和）

課題

- 我が国の水道事業は、ヒト（技術系職員の人手不足）、モノ（設備・管路等の老朽化）、カネ（給水人口減等に伴う収益の減）の三重苦。厳しい事業運営の中、老朽化した大量の設備・管路の更新対応が必要
 ⇒ 将来的には大幅な料金値上げが必要（DBJ試算：日本全体で30年後に6割値上げの可能性）
- 個々の自治体（約1,300事業体）による対応では限界
 ⇒「広域化」と「（進化した）官民連携」が重要
- 一方で、行政レベルでの広域化は簡単でなく、現実的に よりスピード感を持った課題解決の手法も重要

対応 官民連携を活用した実質的広域化（広域化を推進するための官民連携）

①コアとなる自治体が進化した官民連携に踏み出すことを契機に、「広域的官民協働事業体」を組成
②同事業体への運営等委託実施
③複数地域からの同事業体への委託による実質的広域化実現

【見込める効果】
- 計画更新によるLCC最適化
- ICT等新技術導入の促進
- 経営・人財基盤の強化
- 実質的広域化の推進
- 上記を通じた「値上げ幅抑制」
- 地域経済拡大に資する新たな担い手・新産業創出

～コンセッション等活用による広域的官民水道事業～

出所：DBJ作成

伴う収益減）の三重苦にあえいでいる状況にある。先にも見た通り、DBJの試算によれば、今後の人口減少・管路更新対応・収支相償確保を前提とすると、約30年後には、日本全体の水道料金を、現状よりも6割以上値上げしなければならないこととなる可能性がある。

　この課題に対し、全国の約1,300団体にも上る公営事業体が、それぞれ個々別々に対応に当たるのでは限界がある。課題解決へ向けては、まず「広域化」、そして、従来より各地で取り組まれている短期的な包括委託などを一歩進めた形の「（進化した）官民連携」などが重要となる。ただ、一方で、地域間の料金格差や財政状況格差などから、行政レベルでの広域化推進はそう簡単でないという課題もある。そのような中で、現実的かつよりスピード感を意識した解決策として、どのような手法が考えられるのか。

　この課題に対する一つの対案が、「官民連携を活用した実質的広域化」である。「実質的な広域化を推進するための官民連携」と言い換えても良い。

　具体的には、コアとなる自治体が、コンセッション等の進化した官民連携事業へ踏み出すことを契機に組成される官民協働事業体を受け皿として、周辺の複数自治体からも業務を集約する。このような取組を通じ、柔軟な人財活用や資材・薬剤の一括調達などを実施することによって、広域的かつ効率的な事業推進を図ることができるのではないかというものである。

　これは、「ボトムラインの悪化を緩和する」効果をめざす視点からのスキーム案ではあるが、上手に取り組むことで、地域経済の拡大に資する新たな担い手事業者や、新産業の創出に繋がる可能性もあるものと考えられる。

　広島県と㈱水みらい広島による取組は、まさに同様のコンセプトに基づく事業と言える他、宮城県が取り組もうとしている、上工下水を対象としたコンセッション事業などについても、今後、このような展開に繋がっていく可能性があると言えよう。

②「ボトムライン悪化の緩和」×「トップラインの伸長」

　二つめとして、地域経済の「ボトムライン悪化の緩和」と「トップラインの伸長」の双方をめざす観点から、まちづくり分野を挙げたい（図表38）。

　現在、全国各地においては、人口減少・少子高齢化、財政逼迫、公共施設老朽

化、そして市民ニーズの多様化等が一層進展する中、かかるシュリンク型の社会環境を踏まえた都市・地域への再生が求められている状況にある。

このような中、各地域にとってまず必要となる取組は、「コンパクト・プラス・ネットワーク」の実現などを見据えた、公有資産マネジメントの着実な推進であろう。地域ごとの上記課題の内容・程度等に応じ、各地域それぞれが今後めざすべき都市像・都市ビジョンをしっかりと明確化した上で、広域連携や官民連携も交えて戦略的にこれを推進することが、一番の基本であり、肝となる。

そして、その際に重要となるのが、シュリンク型の社会環境に合わせた縮小均衡の取組だけにとどまるのではなく、「マイナスを転じてプラスに変える」「ピンチをチャンスに変える」発想であろう。

この点、DBJグループが提唱している具体的なコンセプト例を二つ挙げると、まずは、「官民連携エリアプロデュース」。これは、低未利用の官民不動産活用等を契

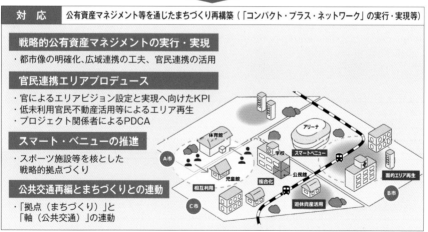

図表38 「未来志向型」官民連携の想定分野例②（ボトムライン悪化の緩和×トップラインの伸長）

課　題

- ●人口減少・少子高齢化、公共施設老朽化、財政逼迫、市民ニーズの多様化等のさらなる進展
- ●シュリンク型社会環境に対応した都市の再生・再構築が必要

対　応　公有資産マネジメント等を通じたまちづくり再構築（「コンパクト・プラス・ネットワーク」の実行・実現等）

戦略的公有資産マネジメントの実行・実現
・都市像の明確化、広域連携の工夫、官民連携の活用

官民連携エリアプロデュース
・官によるエリアビジョン設定と実現へ向けたKPI
・低未利用官民不動産活用等によるエリア再生
・プロジェクト関係者によるPDCA

スマート・ベニューの推進
・スポーツ施設等を核とした
　戦略的拠点づくり

公共交通再編とまちづくりとの連動
・「拠点（まちづくり）」と
　「軸（公共交通）」の連動

※スマート・ベニュー：周辺エリアマネジメントを含む、複合的な機能を組み合わせたサステナブルな交流施設
出所：㈱日本経済研究所作成

機とした面的エリア再生に取り組むに際し、まちづくりのビジョン・目標やその実現のためのKPIを官が中心となって設定し、その後、プロジェクト関係者によるPDCAを通じて、事業の適切な推進や改善を図っていく手法である。

　例えば、愛知県瀬戸市とDBJグループでは、市内に同時に発生した複数の廃校跡地の戦略的・能動的活用を契機に、攻めのエリアプロデュースを通じた新しいまちづくりプロジェクトによって地域創生をめざす共同研究にチャレンジしているところである。

　そしてもう一つが、スタジアム・アリーナやスポーツ施設などを核に、官民連携を通じて多機能・複合型のサステナブルな交流空間づくりをめざす「スマート・ベニュー」。既に、青森県八戸市などで、先導的な取組も始まっている。

　これらに代表される、官民連携を通じた「戦略的な拠点づくり」の発想は今後ますます重要となり、また、実際各地でそのような発想・取組の機運も高まりつつあるところである。

　各地域においては、広域的な視点のもと、「公共交通(軸)の再編」と「まちづくり（拠点）」との連動等の大きな方向性をしっかりと意識しながら、このような「攻め」「守り」両面からのまちづくり再構築を、適切かつ積極的に進めていくことが重要と考えられる。

③「トップラインの伸長」

　三つめとして、地域経済の「トップラインを伸ばす」観点から、ハードインフラ分野とソフトインフラ分野の連携・一体的運用を挙げたい（図表39）。

　我が国では、既に空港コンセッション事業などの取組も複数開始されているところであるが、今後、インバウンド（※注：2020年に入って以降の新型コロナウイルスの世界的な流行により、足元では急激な減少を余儀なくされている）の増加等を地域の成長力へと戦略的かつ着実に繋げていくためには、広域連携と官民連携を通じた様々なインフラ同士のシナジー発揮が重要となる。

　具体的には、地域の戦略策定、地域資源の魅力向上・プロモーション、そして地域の利便性向上等のそれぞれの側面において、関係自治体及び各種ハードインフラ（空港、航空、2次交通、観光施設等）、各種ソフトインフラ（DMO、観光協会、

ITデータ基盤、インターネット予約サイト等）を、相互に連携・一体的運用へと
繋げていく取組が非常に重要となってくるであろう。

主体も多岐にわたることとなり、勿論のこと簡単な取組ではないが、これからま
すます求められる視点と考えられる。

⑧「未来志向型」官民連携の推進態勢

以上で見てきた「未来志向型」官民連携の取組を推進していくにあたっては、ど
のような地域の推進態勢が必要となるであろうか。

まず前提として認識しておくべきこととして、大きく以下の2点が挙げられよう。

①地域の課題がさらに多様化・複雑化していく中、解決に向けたビジョンや具体
　的な解決策、必要なプロジェクト及び推進手法等について、今後は単体の主体

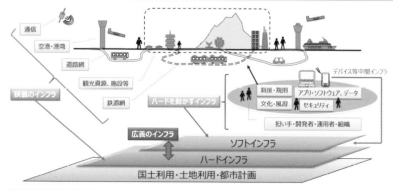

図表39 「未来志向型」官民連携の想定分野例③(トップラインの伸長)

課　題
- インバウンド増加等の追い風の中、受け入れに係る各インフラの老朽化や、連携が不十分等の課題
- 各インフラの戦略的連携等により、追い風を地域の成長力へ着実に繋げることが重要

対　応　**ハードインフラ(空港等)とソフトインフラ(DMO、データ基盤等)の一体運用等**

空港や2次交通(ハードインフラ)と、DMO・データ基盤等(ソフトインフラ)の連携・一体運用、
官民双方が保有するデータのオープン化・活用促進、それら取組の広域的推進等

出所：㈱日本経済研究所作成

だけで検討することには限界がある。一つの地域の中でも、官・民・金をはじめ多様な主体が適切に連携することが重要となる他、地域と地域が広域で連携することが重要となる。

②課題やプロジェクトの多様化・複雑化や高度化に伴い、各セクターにおける適切な担い手の育成・形成が重要となる。そして、地域のステークホルダーにおける適切な合意形成プロセスや政策決定プロセス、そのアカウンタビリティ（説明義務・説明責任）などが一層重要となる。

上記前提のもと、推進態勢を考える上でポイントとなってくるのは、地域の関係者が課題やビジョン・目標を共有し、それぞれの強みを活かし合いながら連携・協働を実践する「コレクティブインパクト」の概念・発想である。

そして、地域においてこれを具現化するためには、課題解決に必要なプロジェクトやその推進手法まで含め、川上の段階から、分野・主体横断的に地域の関係者一体で企画・検討・実践する常設の場・プラットフォームを整備・運営していくような態勢・取組が重要となってくるのではないだろうか。

図表40　「未来志向型」官民連携の推進に向けて①

●地域の関係者による課題共有と、地域ビジョン実現へ向けおのおのの強みを活かした担い手形成（コレクティブインパクトの推進）、そのための「産官学金住労言」による地域一丸の態勢づくりが重要
　⇒「地域ビジョン推進プラットフォーム」

課題・ビジョンの共有段階	課題解決策の検討段階	事業の実践段階
何が課題か、どのような方向性・ビジョンをめざすか	どのようなプロジェクトが課題解決に繋がるのか	どのような方法でプロジェクトを実施するのか

コレクティブインパクト

●多様な主体が企画構想段階から課題やビジョン、目標となる成果を共有
●相互の強みを活かしつつ、補完しながらプロジェクトを育み、継続的に協働するアプローチ

行政
企業セクター
非営利セクター
金融機関
大学、報道
住民、職員
地域ビジョン推進プラットフォーム

ALL地域で共有、地域自らソリューションを検討

出所：㈱日本経済研究所作成

　DBJグループでは、これを「地域ビジョン推進プラットフォーム」として、各地域へ提案したい。具体的な規模感のイメージとしては、例えば、都道府県レベルなどで一つのプラットフォームが形成されることがなじみやすいものと想定される（図表40）。

　同プラットフォームの構成員や活動内容・プロセス等について、もう少し具体的なイメージで見てみよう。図表41にある通り、課題の共有段階と、課題解決策の検討段階をつかさどるのが「マザープラットフォーム」であり、この段階の構成員としては、産・官・学・金・住・労・言（報道）等の幅広い主体が挙げられる。

　そして、「マザープラットフォーム」における議論等を経て検討の俎上（そじょう）に上ってくる個別プロジェクトの実践段階をつかさどるのが、「プロジェクトプラットフォー

図表41　「未来志向型」官民連携の推進に向けて②

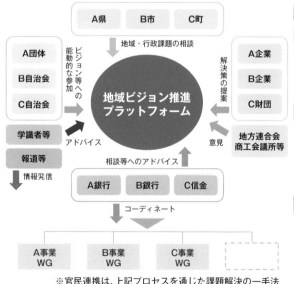

ム」であり、構成員は、事業ごとに異なることが想定される。また、PPP/PFI等
は、このようなプロセスを通じて検討・実践されるプロジェクトのあくまで一推進
手法という位置付けとなる。

このような常設のプラットフォームをベースに地域の取組を推進していくことを
通じて、地域の課題解決事業を適切に具現化すると同時に、エンドユーザーである
住民や担い手職員なども含めた丁寧な合意形成や、政策決定プロセスの明確化など
を果たしていくことが重要と考えられる。

また、こうしたプラットフォームの場において、ダイバーシティによるディス
カッション等が日常的に実践されることを通じ、各セクター間での相互理解が進
み、それぞれの垣根が下がると同時に、意識・志の高い地域人財の育成・形成など
へと繋がっていくことも期待される。

各地の取組で言えば、福岡市の福岡地域戦略推進協議会(FDC)の他、最適な市
政経営へ向け幅広い主体との協働を推進する神戸市・川崎市などでは、当プラット
フォームの趣旨と類似の動きが広がっているとも言える。

現在、政府による後押しもあり、PPP/PFIの案件形成へ向けた地域プラット
フォームが各地で広がりを見せているところであるが、これをさらに発展的に昇華
させ、今回提案の「地域ビジョン推進プラットフォーム」として再構築するような
ことも有意義と言えよう。

４ 各関係主体に期待される視点

次に、これまでに記載してきた「未来志向型」官民連携や地域ビジョン推進プ
ラットフォームへ、地域の関係者が適切に参画していくにあたり、それぞれに期待
される視点や役割について整理してみたい（図表42）。

①自治体

自治体については、地方債をはじめとする既存の便利な制度・枠組みなどを、引
き続き上手に活用していくことも勿論大切である。

ただ、国・地域ともに課題が多様化・複雑化する中、それだけにとらわれるので
はなく、地域の課題を自分事として適切に把握・整理した上で、将来ビジョン等も

含めてしっかりと策定・発信を実施することが重要である。また、その上で、「未来志向型」官民連携事業をはじめとする難度の高い取組について、的確な形で企画・形成や環境整備を実施していけるだけの力をつけていくことが重要と言えよう。

②民間

民間については、まずは、「未来志向型」官民連携事業などに対応するため、多様な事業者が協働する「チームアップ力」をつけることが重要である。これまでのPPP/PFIやコンセッションの事案などを見ていても、個々の事業者それぞれは非常に高い意識・志やノウハウを持っていたとしても、各者が最適な形で集まりチームアップしてイノベーションを起こす力については、まだそれほど盤石ではない側面も見受けられるからである。

また、特にPFIでは、「地域企業の仕事が奪われる問題」が至る所でついてまわるが、そのような議論もそろそろ終わりにしたい。地域事業者、大手事業者、多様な業種の事業者、いずれもが欠くことのできないピースである。重要なことは、そ

図表42　各関係主体に期待される視点①

国	・財政再建と成長戦略等へ向け、各地域の志高い取組を強力にバックアップする制度設計・推進態勢継続　等
自治体	・既存の制度・枠組みにとらわれない自律意識 ・課題・ビジョン等発信力 ・未来志向型事業等の企画・形成力の向上　等
民間	・未来志向型事業等に対応するための多様なチームアップ力 　（→競争から共創へ） ・経営・マネジメント力の強化 ・インフラ輸出含む今後の海外展開を見据えた取組と蓄積　等
金融機関	・リスクマネー供給機能＋各種コーディネート機能等の強化 ・地域金融機関はじめ各機関の強みを活かした連携・協働　等

出所：DBJ作成

れぞれの強みを活かして、相互に連携・補完し合いながら協働を推進することである。今後は、互いに競い合う「競争」から、めざす地域・事業を共に創り上げる「共創」の視点への転換が求められよう。

そしてその上で、チームでの経営力・事業マネジメント力をしっかり強化していくことも重要であろう。

さらには、「課題先進国・日本での、「未来志向型」官民連携事業等をはじめとする難度の高い取組を、いずれ海外展開へも繋げていく」といった志高い気概をもって取組を重ね、ノウハウを蓄積していくことが重要と言えよう。

③金融機関

金融機関については、「未来志向型」官民連携事業をはじめとする難度の高いプロジェクトに対し、積極的にリスクマネー供給機能を果たしていくことが求められるのは勿論のこと、今後ますます重要となってくるのが、各種コーディネート機能を強化することである。

具体的には、川上段階からしっかりと汗をかいて、公有資産マネジメントや案件形成をはじめとする自治体の各種取組をサポートすることに加え、官と民、そして民間同士のマッチングを行っていくことなどが大変重要となってこよう。

これらの中には、息の長い取組も多くなることが想定されるが、その一つひとつがいずれ自らのビジネスとしてしっかり返ってくるという視点、特に地域金融機関においては、「地域の持続性が自らの持続性に直結する」という視点をもって取組を推進することが重要となろう。

また、全国各地の地域金融機関の他にも、民間資金等活用事業推進機構（PFI推進機構）などをはじめ、それぞれ異なる特徴を持った多様な機関が存在し活躍している状況にある。それぞれの強みを活かし、川上段階から川下段階に至るいずれのフェーズにおいても、相互に連携・補完し合いながら、協働を推進していくことが重要となってこよう。

④国

国については、財政再建、成長戦略、地域活性化、地域創生等の重要課題へ向

け、また、それらの解決に貢献し得る手法としてのPPP/PFI等の適切な活用拡大
等へ向けて、各地で高い意識・志を持って頑張っている関係主体に対し強力にバッ
クアップする制度設計・推進態勢を、今後も継続していくことを期待したい。

5 カギを握る人財育成とDBJ「PPP/PFI大学校」の取組

　各セクターに共通して重要となってくるのが、人財育成の視点・取組である。
PPP/PFIの世界などでも、各種知見やノウハウ獲得、ネットワーク構築等をサポー
トする施策については、既に国において充実したメニューを整備してきているとこ
ろである。したがって、あとは、それをしっかり活かすことのできる人財をいかに
形成していくか。地域が直面するピンチやチャンスをしっかり自分事として捉え、
PPP/PFI活用の重要性なども腹落ちした上で、高い意識や志を持って、自律的に
推進していける人財の形成をいかに図っていくか。簡単なことではないが、そろそ
ろそのようなことを科学していくべきフェーズに入ってきていると言えるのではな
いだろうか。

　この点、偶然かもしれないが、PFIの先輩格であるイギリスでは、リーダーシッ
プ人財の形成へ向けて、プロジェクトマネジメント協会によりChPP（Chartered
Project Professional）と呼ばれる公認プロジェクト専門家資格なども整備されてい
るところである（図表43）。

　我が国でも、今後こうした取組を国レベルでも参考にした上で、「日本版ChPP」
の育成・形成を図っていくことなども有意義と言えよう。

　なお、人財育成に関連し、DBJグループでは、地域創生やPPP/PFI推進に係る志
高い取組主体の形成・裾野拡大や関係者間ネットワーク構築等へ向け、2014年10月
より「PPP/PFI大学校」という取組を実施している（図表44）。

　これは、具体的には、DBJのテレビ会議システムを利用し、全国16拠点を同時に
繋いで実施する、双方向型・マルチ方向型の、「情報発信プラス列島縦断ディス
カッション企画」とでも呼べるものである。

　これまで、1～2カ月に1度のペースで開催を重ね、足かけ5年以上にわたり継続
してきた結果、全国各地からの参加者数は延べ約8,000名を数え、直近の受講登録
者数は約400名に上っている。

共通：自律的に志高い取組を実践できる推進力あるリーダーシップ人財の
本格的形成が国全体として重要

＜リーダーシップ人財の形成・育成＞

地域創生、PPP／PFI推進等に係るリーダーシップ人財（例：日本版ChPP）

地域／事業環境変化への 迅速・柔軟な対応力	官民金・地域のステークホルダー間の 交渉・利害調整能力	豊富な プロジェクト経験

＜参考＞ChPP（イギリス）

・イギリスAssociation of Project Management（プロジェクトマネジメント協会（APM）：個人会員数30,000
名強・法人会員数500強と、同分野でヨーロッパ最大規模）による公認プロジェクト専門家（Chartered Project
Professional）資格は、プロジェクトに関する技術的知識、プロフェッショナルな行動や倫理等の達成水準を示
すベンチマークであり、資格保有者が継続的に専門性を向上させることを求めている

・資格取得に必要とされるコンピテンシー項目は、予算・コスト管理、ガバナンス、リーダーシップ、ステークホ
ルダーとコミュニケーション管理、チーム・マネジメント等と多岐にわたる

出所：DBJ作成

・2014年10月より、志高い官民取組主体の継続的な形成・裾野拡大等を目的として開催

・DBJのTV会議システムを活用し、全国16拠点を繋いで実施する双方向・マルチ方向型企画

・半年1タームとし、2019年度末現在、11期（計56回）開催済。延べ参加者数約8,000名、現登録者数約400名

・主な内容：内閣府・国土交通省・PFI推進機構等から最新施策動向・取組の発信、DBJコンテンツの
発信、各地の先導的PPP/PFI事例について、官民双方の立場からの講演・ディスカッション

（PPP/PFI大学校開催風景）

出所：DBJ作成

　内閣府や国土交通省、PFI推進機構なども常設アドバイザー的存在として迎え、長年にわたり全国の多様な主体がテレビ会議を通じて交わることで、徐々に刺激の伝播（でんぱ）や意識付け・動機付けの伝播が起こり、高い志のうねりが着実に広がりつつある状況が見受けられる。

　国や地域レベルでの人財育成にあたっては、当大学校のような既存の仕組みを活用していく視点も重要であろう。

　そして、地域課題解決や地域創生へ向けては、各主体がこのようなプラットフォーム・インフラの場を活用し、「ノウハウやネットワークの引き出し増加」と「意識付け・動機付け」の連鎖を梃子（てこ）にして、自律的な取組を継続実践していくことが肝要と言えよう。

　以上、本章では、PPP/PFIに係るこれまでの振り返りと、それを踏まえた「未来志向型」官民連携の在り方等について検討を進めてきた。

　改めて、今後の地域課題解決や地域創生へ向けて一つの大きなカギを握るのは、産・官・学・金をはじめとする多様な主体間の連携・協働であり、かつ地域間の連携・協働であることは論をまたない。

　DBJグループとしては、川上から川下まで様々な取組を通じ、多様な主体と主体、地域と地域を繋ぐ触媒やコーディネーターとして、これからもユニークな貢献を続けていきたい。

第2章

PPP/PFI 第一線識者
が語る官民連携の
展開と展望

2-1 PPP/PFI：これまでの20年とこれからの展望

宮本 和明 氏

パシフィックコンサルタンツ株式会社 技術顧問／
東北大学 名誉教授／東京都市大学 名誉教授

【プロフィル】
1952年神戸市生まれ。1980年東京大学大学院博士課程中退。東京大学助教授、アジア工科大学院准教授、横浜国立大学助教授、東北大学教授等を経て、2018年東京都市大学を定年退職。工学博士。
世界交通学会（WCTRS）元理事、開発途上国の都市交通会議（CODATU）学術委員等。PPP/PFI関連では、土木学会インフラPFI/PPP研究小委員会委員長（2001-2020）、内閣府民間資金等活用事業（PFI）推進委員会委員長代理（2010-2017）等。主な著作に「完全網羅日本版PFI─基礎からプロジェクト実現まで」（共著、山海堂）等。

1 はじめに

公共サービスの提供に関わる公民（官民）連携の事業方式は、近年PPP/PFIと総称されることが一般的になってきている。PPP（Public Private Partnership）は、国や地方公共団体等と民間事業者が連携して公共サービスを提供する事業方式の総称で、多様な事業形態が存在する。一方、PFI（Private Finance Initiative）は、イギリス発祥の事業方式名で、PPPに含まれるが、公共が民間事業者に対して施設の設計から建設、維持管理・運営までを一括して発注し、その事業者が施設整備等の初期費用を自ら資金調達する事業方式である。国際的には、このPFIの事業方式もPPP（アメリカではP3）と呼ばれることが一般的であるが、イギリスと我が国ではPFIを用いることが多い。我が国では、イギリスを範としてPFIを導入した当初はPFIのみを表記していたが、広範な公民連携の多様な手法をも包含した「PPP/PFIの抜本改革に向けたアクションプラン」が2013年に策定されて以来、国及び地方公共団体をはじめ多くの機関でPPP/PFIと表記することが一般化してきている。

PFIの法的根拠となる「民間資金等の活用による公共施設等の整備等の促進に関する法律」、いわゆるPFI法は、1999年7月に制定、同年9月から施行された。我が

国では、PPP/PFIはいまだに新しい事業手法と受け止められることも多いが、現在の法律に基づいた制度としても既に20年の歴史がある。本稿では、この20年における我が国でのPFIそしてPPP事業の変遷を簡単に振り返り、さらには今後の展望について述べることとする。なお、本稿の内容は、筆者の個人的見解に基づくものであり、筆者がこれまでに所属した、また、現在所属している組織、機関とは関係がないことを断っておく。

❷ PPP/PFIの事業方式

①PFI事業方式の分類

　本稿を進める前に、PFIの代表的な事業スキームを簡単に紹介しておきたい。PFIの基本は、民間事業者が設計、建設、資金調達、維持管理・運営を10年から30年程度の長期包括で実施する事業方式である。また、公共からの発注は、提供されるサービスに対する要求水準を示すことによる性能発注であり、民間事業者が創意工夫を発揮しやすい調達方式である。そのPFIには様々なバリエーションが存在するが、一般的には民間事業者が投下するコストを回収する原資に基づいて、以下の3分類が用いられる。

- ・サービス購入型：民間事業者が提供する公共サービスに対して、公共部門が公的財源からサービス購入料を支払う事業方式である。PFIの典型的なタイプで、学校、病院、刑務所、一般道路等、利用者から料金を徴収しない事業に適用される。

- ・独立採算型：民間事業者が施設利用者から直接利用料を徴収し、事業を実施する事業方式であり、料金収入が総事業費を上回る事業に対して適用される。世界的には有料道路をはじめ多くの国で採用されている。関西国際空港・大阪国際空港や仙台空港等で実施されているコンセッション事業（正式には公共施設等運営事業）は、この範疇に入る。

- ・混合型：民間事業者のコストを、公共部門からのサービス購入料と利用者料金等の受益者からの支払双方により回収する事業方式である。コンセッションでも適用され、その場合は混合型コンセッションと呼ばれる。

②PPP/PFIの事業類型

　一方、我が国におけるPPP/PFIの政府方針であるPPP/PFI推進アクションプランでは、PPP/PFIを以下に示す四つの類型に分類している。

- ・［類型Ⅰ］コンセッション事業：利用料金の徴収を行う公共施設において、施設の所有権を公共主体が有したまま、施設の運営権を民間事業者に設定する事業方式。
- ・［類型Ⅱ］収益型事業：公共施設等の整備等に係る利用料金収入や付帯する事業収入が存在するPPP/PFI事業。混合型PFI等の他に、利用料金制による指定管理者制度等を含む。
- ・［類型Ⅲ］公的不動産利活用事業：公的不動産の利活用を行うPPP事業や、PFI法には基づかない定期借地権方式等の公有地活用事業等。
- ・［類型Ⅳ］その他のPPP/PFI事業：サービス購入型PFI事業と事業収入がない包括的民間委託等。利用料金制によらない指定管理者制度等の事業収入のないPPP/PFI事業。

3 PPP/PFIのこれまでの経緯

①PFI導入以前

　我が国における民間活力の導入は、古くは江戸時代における江戸や大坂において町人が経費を負担して架けた町橋の他、青洞門の通行料徴収等が有名である。明治維新以降では太政官布告第648号の通称「道路橋梁河川港湾等通行銭徴収ノ件」に基づいて通行銭を徴収することにより、橋梁をはじめとする各種の施設が整備された。また、戦前からの民間鉄道事業や、戦後も道路関係四公団そして高速道路株式会社による高速道路事業、道路運送法に基づく自動車専用有料道路事業等の様々な事業方式で民間の資金とノウハウが活用されてきている。その中には、80年代半ばからの民活法に基づく第三セクター方式等も含まれる。これらの事業方式と先に説明したPPP/PFIとは一線を画するものである。

②PFI法施行から20年

　PFIは、世界的な行財政改革のもとにNPM（New Public Management）の一環と

して、イギリスのPFIに範を求めて導入された。先行する事例は少数あったが、我が国でのPFI導入は、正式にはPFI法の制定に始まると言える。

「日本政策投資銀行グループ『PFI法施行20周年企画』有識者会議における議論の整理概要」[1]（以後、政投銀報告）では、この20年を、PFI法の大きな改正が行われた2011年を境に、その前をステージ1、その後をステージ2として2期に分けている。

③ステージ1：PFI導入初期

政投銀報告でステージ1とされるPFI導入初期は、公共施設の整備・維持管理が中心の事業が展開された時期である。導入以降、国が地方公共団体や経済界からの要望等を取り入れ順次ガイドラインを策定することにより、日本型の事業方式として着実に浸透したと言える。いわゆるハコモノが多くを占めてはいるが、多様なPPP手法を活用した運営型事業にも展開が見られた。その後、ヒト・モノ・カネの深刻化を踏まえ、公有資産マネジメントを「点・単体・個別」から「面・複合・広域」に展開していった。

一方で、最終的には公的財源で事業費用を賄うことになるサービス購入型事業がほとんどであることに対する批判も存在した。しかし、サービス購入型事業においても、「公共サービスを官が民からパッケージで調達する」新たな概念のもとに、長期、包括、性能発注を基本に調達が行われ、多くの事業で本来の目的である財政支出の削減やサービスの質の向上を達成したことを強調しておきたい。また、その中では、公共施設と民間収益事業の融合によるシナジー効果や、民間資金調達を通してのガバナンスの強化などの効果も見られた。また、厳しい財政状況における老朽インフラの更新対応の必要性やインフラ関連産業の成長戦略等の観点から、民間の資金やノウハウの最大限の活用が重要な課題となってきた。PPPとしては指定管理者制度が導入され、事業方式の選択肢が増えたと言える。

④ステージ2：コンセッション事業の導入

ステージ2は、2011年のPFI法改正によるコンセッション方式の導入以降であり、空港、道路、上下水道等のインフラ分野も含む経営やマネジメントが中心の事業へ展開してきた時期である。施設を官が所有したまま、民が事業リスクを負担し、更

新投資等含め裁量を持って施設の運営等を実施することにより、民間の経営・マネジメント能力を活用する事業方式が新たに設定された。

　2013年には、「PPP/PFIの抜本改革に向けたアクションプラン」が、主にコンセッション事業を推進する趣旨で策定され、2022年までの10年間の事業目標が10兆〜12兆円と設定された。2016年には、事業目標の測定対象を変更して目標値も21兆円とした上で大幅な改定が行われ、コンセッション以外のインフラに関わる記述も追加された。

　コンセッション事業は、空港案件を中心に事業化され、仙台空港や関西国際空港・大阪国際空港、また、道路案件として1件ながら愛知県道路公社の事業が実施中である。2019年11月11日現在の内閣府の資料[2]によると、実施中及び事業を予定しているコンセッション事業は35件に上る。関西国際空港では高潮被害もあったが、他の空港も含めて基本的には順調に事業が実施されており、愛知県道路公社の道路事業も順調に交通量が推移している。その他にもMICE事業等が実施されている。空港事業のような、いわば「トップライン」の伸長に関しては既に実績が示されている一方で、上下水道分野では事業化された案件は限られるが、宮城県の上工下水一体官民連携運営事業のように、今後の維持管理費が増大する「ボトムライン」の悪化を緩和する機能が期待されている。

４　PPP/PFIの実績と評価

①PFI事業件数と分野

　内閣府の資料[3]によると、PFI法に基づき事業を実施する旨を記した実施方針を公表した件数は、2019年3月31日現在までで、国及び地方公共団体等において通算740件の事業である。図表45[4]にはその経年推移を示している。1999年度の3件に始まり、2002年からは毎年45件ほどの増加ペースで推移してきたが、2008年度からはリーマンショックの影響の他、PFI事業に対する評価も割れたこともありしばらく停滞した。

　2016年度以降は、政府のPPP/PFI推進の基本政策のもとでいくつかの施策が実施されたこともあり事業件数が伸びてきており、2018年度は過去最高の73事業の実施方針が公表されている。そして、2018年度末の累計の契約金額は6兆2,361億円と

なっている。なお、契約金額は、実施方針を公表した事業のうち、当該年度に公共負担額が決定した事業の当初契約金額を内閣府調査により把握しているものの合計額である。このことから、PFIは、公共サービスに関わる事業方式としてある程度定着してきたと言うことができよう。

なお、特定非営利活動法人日本PFI・PPP協会による、2019年11月末までの「PFI事業案件一覧」からPFI事業方式の分類別に件数を集計すると、全体854件のうち、サービス購入型が723件85％、独立採算型が61件7％、混合型他が70件8％となっている。

その一方で、図表46[5] は、地方公共団体の規模別での実施件数（2018年3月31日現在）である。47都道府県では10件以上の団体が4団体あるのに対し、全く実施していない団体が16団体、政令市（20団体）は実施件数が多めではあるが、それでも1団体が未実施である。

人口20万人以上の市区町村（111団体）では、約半数の53団体が実施していない。

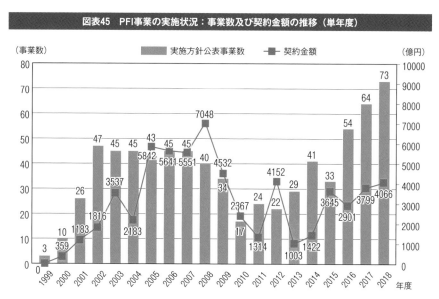

図表45　PFI事業の実施状況：事業数及び契約金額の推移（単年度）

出所：内閣府民間資金等活用事業推進室：PFI事業の実施状況、事業数及び契約金額の推移（単年度）4）から作成
https://www8.cao.go.jp/pfi/whatsnew/kiji/pdf/jigyoukensuu_kb02.pdf

人口20万人以下の市区町村（1,610団体）にいたっては、その9割の1,457団体が未実施である。以上、全地方公共団体1,788団体のうち、約85％の1,527団体でPFI事業が実施されていない。財政逼迫の状況下において、このようにPFI事業を活用していない地方公共団体が依然として多いことは大きな課題であり、そのような団体における積極的な検討が必要と言えよう。

　また、事業分野で見ると、PFI法に定義された「公共施設等」の各分野に広がってはいるが、コンセッション事業を除いてはいわゆるハコモノ事業が多く、本格的なインフラ案件が少ないことが指摘できる。欧米をはじめとして国際的には多くのインフラ事業が実施されていることから、我が国においても適切な展開が課題と言えよう。

②PFI事業の評価

　PFIの評価に関しては、内閣府の「PPP/PFI手法導入優先的検討規程　運用の手

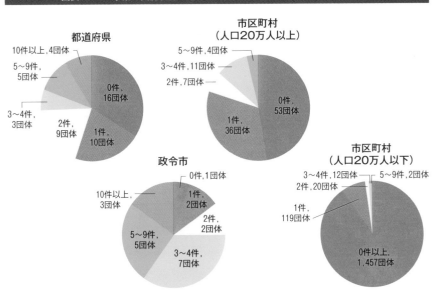

図表46　PFI事業の実施状況／地方公共団体別事業数（2018年3月31日現在）

出所：内閣府民間資金等活用事業推進室：「PPP/PFI推進アクションプラン前半期レビュー（2019年2月）：PFI事業の実施状況／地方公共団体別事業数（平成30年3月31日時点）」5）をもとに作成

引き」(参考資料)[6]にまとめられている。その一部を図表47に示す。この図で、特定事業選定時とは当該事業をPFIで実施すると政策決定した時点を指し、事業者選定時とはその後事業者が選定された段階でその入札額が決定した時点を指す。この資料によると、これまでの事業実績では、設計、建設、維持管理、運営の各段階において、平均ではあるが10%以上の財政支出の削減が実現している。その中でも、建設段階における削減率が高いことが示されている。

　また、財政支出削減以外の効果としては、内閣府の「期間満了PFI事業に関するアンケート調査(2018年12月)」でのPFI導入時点における期待と期間満了時点における評価結果がある。PFI手法導入時点においては、財政負担(事業費総額)縮減に対する期待がもっとも大きく、また、サービス水準の向上をはじめ、その他の事項についても少なからず効果が期待されている。それに対して、期間満了時点では、導入時点に期待されていた効果はおおむね発揮されたとの評価が示されている。また、多くの事業でPFI手法について「効果があった」との回答があることか

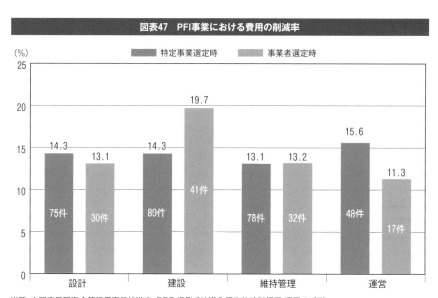

図表47　PFI事業における費用の削減率

出所:内閣府民間資金等活用事業推進室:PPP/PFI手法導入優先的検討規程 運用の手引
(参考資料):費用の削減率(特定事業選定時、事業者選定時)、p.276 6)から作成
https://www8.cao.go.jp/pfi/yuusenkentou/unyotebiki/pdf/unyotebiki_03.pdf

らも、直接的な財政負担面への効果をはじめ、地域経済の活性化や公共側の事務負担軽減等の間接的効果等への効果がうかがわれる。

⑤ 今後の展開

①インフラ分野への展開

　現状における大きな課題として、依然として多くの地方公共団体において未実施であることと、インフラ事業が少ないことを挙げた。ここでは紙幅の関係上、インフラ分野の事業に関してその展望を述べてみたい[7]。

　PPP/PFI推進アクションプランでは、2016年度から継続して混合型コンセッションの積極的な取組を掲げた後に、「そのためには、サービス購入型PFI事業や指定管理者制度等の多様なPPP/PFI事業をファーストステップとして活用することを促すことが効果的である。また、我が国においてこれまでハコモノ中心に活用されてきたサービス購入型PFI事業についても、インフラ分野、特にIoTを始めとする新技術の利活用による民間のノウハウを活かした効率的な維持管理の視点から、インフラの新設はもとより、道路等個別施設の維持管理・修繕・更新等へと活用の裾野を拡大することが重要である。」と記述されている。令和元年改訂版ではそれに加えて、「インフラの老朽化に加え地方公共団体職員が不足する中、必要な人材を確保し、効率的かつ良好な公共サービスを実現するため、キャッシュフローを生み出しにくいインフラについても積極的にPPP/PFIを導入していく必要がある。」と追記されたが、これはまさしくサービス購入型PFIに関する記述である。サービス購入料の決定方法の工夫で民間事業者にインセンティブを与えることにより、財政支出の削減に加えて、よりサービス水準の向上を図ることを促すものである。これはアベイラビリティペイメント方式とも呼ばれる。

　これまで我が国においては、コンセッション事業を除いて、いわゆるインフラ分野での事業はほとんど見られない状況であった。しかし、「多様なPPP/PFI手法導入を優先的に検討するための指針」に基づくと、事業費が10億円を上回る事業はPPP/PFIを優先的に検討する対象となることと、上記のアクションプランにおける方針を受け、インフラ分野でのサービス購入型を含めてのPFI事業が推進されることを期待したい。

②新設インフラへの混合型コンセッション

　既設インフラで料金が徴収できるものに対しては、コンセッションの検討をさらに進める必要があるが、インフラの新設案件についても考えてみたい。

　従来、コンセッションといえば、完全な独立採算事業と一般には理解されてきた。しかし、独立採算が可能な事業は限定的である。また、公共施設・公共サービスに関わる事業である限り、本来、利用者以外への外部効果がある。例えば道路で考えた場合、その便益は道路を直接利用する人だけでなく、その沿道立地者にも売上額の増加などとして広範にもたらされる。その外部経済の範囲内での適切な公的負担は、合理的かつ効率的である。そのため、サービス購入型PFIなど公的負担を伴う事業と組み合わせた混合型コンセッション事業が、本来望ましい形態と言えよう。

　南紀白浜空港をはじめとするいくつかの既設案件では既に導入されているが、施設整備費が相応になるインフラの新設案件にこそ適用することが考えられる。なお、コンセッション事業というと、既存施設に対して運営権を設定するものと捉えられがちであるが、コンセッションガイドラインにおいても説明されているように、施設を新設して運営権を設定することも可能である。

③橋梁バンドリングPFI事業

　既設のインフラに関わるPPP/PFI事業の一つの候補として、「橋梁バンドリングPFI事業」[8] が挙げられる。

　これは、戦後の高度経済成長時期に整備された中小橋梁を「団塊の橋梁」と位置付け、個々の橋梁の大規模修繕あるいは更新に際して、まずは、点検、設計、施工、維持管理を長期包括化する。そして、個々の橋梁だけでは事業規模が小さいことから、例えば、鋼橋やコンクリート橋などの種別ごとに、県北、県央、県南といった地区別に束ねて一つの事業としてバンドリングする。さらに、予防保全として適切な時期に施工するために、必要ならば民間資金を調達する事業スキームである。料金が徴収できない一般道路事業であるのでサービス購入型PFI事業となり、また、地元事業者への配慮を組み込んだスキームとすることが必要である。

　この類似事例は、ペンシルベニア州において早期橋梁架け替えプロジェクト（Rapid Bridge Replacement Project）として実施されている。この事業では、州

内にある558の小規模橋梁の3年以内の架け替え（設計・施工）及び25年間の維持点検を一括発注するものである。従来型の発注方式に比べて、2割のコスト削減効果があると報告されている[9]。

④地域創生への期待

最近のPPP/PFIにおいては、単一事業から複数事業のバンドリングや異種事業の複合化、さらには面的なまちづくり事業への展開等へ多様化してきている。その中では、広域連携や民間収益事業との複合事業等も見られる。

従来型の単一目的事業の未実施団体への推進やインフラ分野への展開も重要であるが、一方で、このような未来志向型の公民連携事業への展開を進めていく必要がある。そのためには、国、地方公共団体、民間事業者、金融機関等のステークホルダーの連携と協働が不可欠である。近年各地に設置されてきているステークホルダーが集まるプラットフォームも成果を上げつつあることから、今後の発展を期待したい。

⬛6 おわりに

公共事業においてもっとも重要なことは事業の峻別（しゅんべつ）であり、まず経済分析等に基づいて事業の社会的意義を十分に確認することが不可欠である。PPP/PFIは、その事業調達の手段に過ぎない。事業内容がPPP/PFIに適していれば、案件に即したスキーム構築を行うことにより、効率的かつ効果的な調達を行うことが可能となる。その際には適切なリスク分担のもと、公共と民間の適切なパートナーシップが重要な要素となる。

なお、本稿では国内案件のみを論じたが、PPP/PFIは国際的な潮流でもあり、国内事業への導入促進とともに、国際的な事業展開の必要性を最後に付け加えたい。

参考文献
1) 日本政策投資銀行：今後の地域活性化へ向けた官民連携のさらなる活用のために～ PFI法施行20周年を契機とした振り返りと新たなステージへの考察～【概要】、日本政策投資銀行グループ「PFI法施行20周年企画」有識者会議における議論の整理概要、2019年12月

2）内閣府民間資金等活用事業推進室：コンセッション事業の主な進捗状況（令和元年11月11日時点）
https://www8.cao.go.jp/pfi/concession/pdf/concession.pdf
3）内閣府民間資金等活用事業推進室：PFI事業の実施状況、事業数及び契約金額の推移（累計）
https://www8.cao.go.jp/pfi/whatsnew/kiji/pdf/jigyoukensuu_kb02.pdf
4）内閣府民間資金等活用事業推進室：PFI事業の実施状況、事業数及び契約金額の推移（単年度）
https://www8.cao.go.jp/pfi/whatsnew/kiji/pdf/jigyoukensuu_kb02.pdf
5）内閣府民間資金等活用事業推進委員会：PPP/PFI推進アクションプラン前半期レビュー、PFI事業
の実施状況／地方公共団体別事業数（平成30年3月31日時点）、2019年2月
https://www8.cao.go.jp/pfi/actionplan/pdf/actionplan_firsthalf_review_1.pdf
6）内閣府民間資金等活用事業推進室：PPP/PFI手法導入優先的検討規程 運用の手引（参考資料）、費
用の削減率（特定事業選定時、事業者選定時）、p.276
https://www8.cao.go.jp/pfi/yuusenkentou/unyotebiki/pdf/unyotebiki_03.pdf
7）宮本和明：PPP/PFIのインフラ分野への展開、土木学会誌、Vol.104 No.5、pp. 28-31、2019年5月
8）建設コンサルタンツ協会インフラストラクチャー研究所：橋梁バンドリングPFI事業の検討、RIIM
Report、11、2013年8月
9）Plenary Walsh Keystone Partners and Pennsylvania Department of Transportation:What is the
Rapid Bridge Replacement Project?
http://www.parapidbridges.com/projectoverview.html

2-2 PPP/PFIの20年

山内 弘隆 氏

一橋大学大学院経営管理研究科 特任教授

【プロフィル】

昭和30（1955）年、千葉県成田市生まれ。
慶應義塾大学大学院商学研究科博士課程単位取得の上退学。一橋大学大学院商学研究科教授、一橋大学大学院商学研究科長兼商学部長等を経て、現在、運輸総合研究所所長兼一橋大学大学院経営管理研究科特任教授
所属講座：経営学
専門領域：交通経済論、公共経済学、公益事業論、規制の経済学
審議委員会等：内閣府PFI推進委員会委員、国土交通省交通政策審議会委員、財務省財政制度等審議会委員等を歴任。現在、資源エネルギー庁調達価格等算定委員会委員、総務省情報通信審議会委員、国土交通省交通政策審議会臨時委員、財務省財政制度等審議会臨時委員等
主要著書（共著含む）：『航空輸送』（1990年5月、晃洋書房、1990年度日本交通学会学会賞受賞）、『講座・公的規制と産業④交通』（1995年2月、ＮＴＴ出版、1995年度交通図書賞受賞）、『交通経済学』（2002年6月、有斐閣、2002年度国際交通安全学会学会賞受賞）、『パブリック・セクターの経済・経営学』（2003年10月、ＮＴＴ出版）、『交通市場と社会資本の経済学』（2010年10月、有斐閣）、『運輸・交通における民力活用―PPP/PFIのファイナンスとガバナンス』（編著）（2014年7月、慶応義塾大学出版会）

　日本の鉄道は1872（明治5）年に官営として「新橋－横浜」間で正式に営業が開始され、その後しばらくは明治政府により整備が進められた。しかし、1877（明治10）年の西南戦争により政府は財政難に陥り、鉄道建設はほぼストップした。代わって鉄道投資を支えたのは民間資本であった。鉄道事業は有望な投資対象と見なされ、明治10年代から20年代にかけて「鉄道投資ブーム」が起こっている。1906（明治39）年には鉄道国有化法が交付されるが、それでも地方部や都市部を中心に鉄道に対する民間投資は続けられた。

　資本主義経済体制をとる多くの国において、社会資本整備に関する民間資本の役割は小さいものではない。アダム・スミスの『国富論』以来、社会インフラは「市場が失敗する」分野と認識され、公共による直接供給ないし何らかの公的介入によって適正な供給量が確保されると主張されてきた。しかし、明治時代の鉄道の例が示すように、インフラ整備も条件が整えば民間による供給も十分に可能である。ただしそれには、長期的な需要の拡大が確実視されるなど、そもそも事業リスクが

小さいか、他の方法でリスクが軽減される等、一定の条件が必要である。

1999年に成立したPFI法は、この「社会インフラ整備において民間が活躍できる条件」を整備したと解釈することもできる。上述の鉄道から始まって官民の連携は様々な形で展開されてきた。それは、その時代時代に即した形態をとったとも言えるが、1987年成立のリゾート法に基づく三セクによる乱開発と破滅的終焉のように、結果として様々な問題を残した制度もある。PFI導入の背景には、バブル崩壊後の経済の落ち込みへのカンフル剤的な役割が期待された面がある。しかし一方でそれは、官民（公民）の契約、リスク分担、事業者選定の競争プロセス等々のルールを明確にすることによって、公共的要請に民間側が応じることができる形を築き上げるものであった。

PFI制度の導入後、短期間で案件は増加し、契約額はうなぎ上りとなった。特に、財政上の制約が厳しい自治体は大きな関心を示し、滞っていた施設整備は解消の方向に向かった。その意味で日本のPFI制度は、公共施設の早期整備という所期の目的を達成したとも言える。しかし、この時期急増したPFIは、事業内容が施設整備に偏り過ぎている、契約形態が民間の事業リスク回避に重点が置かれ過ぎているといった問題を抱えていた。

公共側は予算確保の難しさから整備が滞っていた庁舎、宿舎、教育施設等の整備促進に傾注し、民間資金で整備された施設を「割賦払金」で取得するいわゆる「サービス購入型」が主流を占めた。

確かに、一括発注・性能発注による費用削減を通じてVFM（バリューフォーマネー）の発揮は実現したが、民間的発想による事業形成やイノベーションの招来というPFI本来の効能が十分に発揮されたわけではなかった。「裏起債」や「借金の付け替え」との誹りの裏で、民間側としても低リターンながら低リスクの案件が歓迎されたことも事実であろう。

しかし、後年度負担増による財政自由度の減少、情報の非対称性による「取引費用」の増大等の理由から、この種の案件は伸び悩むこととなる。特に自治体においては長期的な財政問題と人的リソースがその制約となった。

2011年の法改正によって導入された「コンセッション」は、施設整備と民間のリスクを回避することに偏っていた我が国のPFIを、事業運営重視の方向へ転換させ

るものであった。言うまでもなく、それは民間企業がより優位性を発揮できる分野であり、PPP（この表現はこの時期から多く使われるようになった）の正しい方向であると考える。コンセッション事業において民間側は、需要について一定のリスクを負担する一方で経営革新によりアップサイドが期待できる。現在コンセッションの中心になっている空港運営等はいわゆるブラウン・フィールドではあるが、それだけに事業内容の基礎条件について一定の確実性が確保される。

　PPP/PFIはこれからどこに向かうべきであろうか。施設整備を伴うPFI事業については、第一にその事業の必要性の精査が求められる。財政逼迫さらには人口縮減のなかでのインフラ整備は「選択と集中」がその基本である。それが、この制度のサステイナビリティに通じると考える。コンセッション事業については、事業自体の目的の多様化をどう考えるかが課題であろう。愛知の有料道路事業や北海道7空港バンドリングの案件では、効率的な施設運営やサービス向上による需要拡大だけでなく、関係する地域の経済状態をどのように浮揚させるかも大きな目的となった。

　筆者はこのような事業目的、特にこの2件の事例を否定するものではないが、民間側に対する要求が過大にならないことに注意する必要があると思われる。

　PPP/PFIも多くの事例が積み重なり、初期のPFI案件には契約期間満了を迎えるものも登場している。公共側には蓄積と実績を踏まえた案件づくりが求められると考える。

2-3 インフラ老朽化問題とPPPの役割

根本 祐二 氏

東洋大学経済学部 教授・PPP研究センター長

（本稿は、2019年10月8日に開催された「東京講演会」
の要旨を事務局にて取りまとめたものである）

【プロフィル】
鹿児島県鹿児島市出身。
鹿児島県立鹿児島中央高等学校卒業後、1974年に東京大学経済学部に入学、卒業後の1978年に日本開発銀行（現：日本政策投資銀行）に入行。鹿児島事務所、大阪支店、プロジェクト・ファイナンス部、経済企画庁調査員、設備投資研究所主任研究員、ブルッキングス研究所（アメリカ）客員研究員、首都圏企画室長、地域企画部長などを経て、2006年4月東洋大学教授に就任。2008年よりPPP研究センター長を兼務。内閣府PPP/PFI推進委員会委員等の公職を歴任。全国の地方自治体の公共施設等総合管理計画の策定と実行を支援している。
専門領域：公共政策、都市開発、地域開発等
主要著書（共著を含む）：『地域再生に金融を活かす』(2006年、学芸出版社)、『朽ちるインフラ ―忍び寄るもうひとつの危機』(2011年、日本経済新聞出版社)、『「豊かな地域」はどこがちがうのか』(2013年、ちくま新書)、『PPPが日本を再生する』(共編著)(2014年、時事通信出版局)、『公共インフラ再生戦略PPP/PFI徹底ガイド』(監修)(2015年、日本経済新聞出版社)、『実践！インフラビジネス』(監修)(2019年、日本経済新聞出版社)

はじめに ～PPPの現状と目的～

　本日は、「インフラ老朽化問題とPPPの役割」についての現場の実感に基づいてお話しします。まずは、その前段としてPPPの現状での進捗状況について確認しておきます。図表48は、2018年度に「民間資金等活用事業推進委員会」の計画部会がまとめた「PPP/PFI推進アクションプラン前半期レビュー」です。ここで掲げられた数値目標は、10年間で21兆円(1年当たり2.1兆円)です。前半の5年間が終了した2017年度までの事業規模は、累計で13.8兆円、年平均では2.8兆円ですから「年平均では目標値を達成している」と言いたいところです。しかし、実際には2015年度に総事業費5兆円を超える「関西国際空港コンセッション事業」という大規模プロジェクトが含まれており、その特殊要因のために達成できた数値なのです。本件を除くと、年平均ベースでも巡航速度には達していない状況にあり、国としてこれまで以上の取組が必要となっています。

このことは、政府支出におけるPPPのポテンシャルからも明らかで、2017年確報値での名目GDPにおける政府支出（ハード・ソフト合計）の135兆円を母数とした場合、PPPの過去5年間での平均値の2.8兆円はわずか2%に過ぎません。このレベルではあまりに小さく、少なくともこの10倍規模の年間10兆〜20兆円という数値目標を掲げるくらい、思い切って高いハードルを設定しない限り、PPPは進展していかないと考えています。

　そこで重要となるのは、「PPPは一体何のために実施されているのか」であり、「PPP自体を目的化してはならない」ということです。言い換えれば「便利だから、使いやすいから、成果が上がるから、PPPを活用する」といった位置付けになっていないかということです。特に、昨今話題となっているインフラ老朽化問題は、人間の命に直接影響する重要な問題ですから、その解決のための処方箋として、様々な選択肢の中でPPPも一つの手段として活用していくべきだと考えています。2017年からは「PPP/PFI推進アクションプラン」においても、「背景」の部分に「今後

図表48　PPP/PFI推進アクションプランにおける事業規模目標（H25〜R4年度：10年間）

令和元年PPP／PFI推進アクションプラン本文（抜粋）
本アクションプラン対象期間の前半期を終えたため、平成30年度に民間資金等活用事業推進委員会 計画部会において「PPP／PFI推進アクションプラン前半期レビュー」が実施された。

PPP/PFI推進アクションプランにおける事業規模目標（H25〜R4年度：10年間）	H25年度	H26年度	H27年度	H28年度	H29年度	計（H25〜29年度）
類型Ⅰ　コンセッション事業	7兆円（目標）	一円	0兆円	5.1兆円	0.5兆円	0.2兆円	5.7兆円
類型Ⅱ　収益型事業	5兆円（目標）	0.4兆円	0.3兆円	0.9兆円	0.8兆円	0.8兆円	3.2兆円
類型Ⅲ　公的不動産利活用事業	4兆円（目標）	0.3兆円	0.3兆円	0.3兆円	0.5兆円	0.7兆円	2.0兆円
類型Ⅳ　その他PPP/PFI事業（サービス購入型PFI事業等）	5兆円（目標）	0.6兆円	0.5兆円	0.5兆円	0.6兆円	0.7兆円	2.8兆円
合　計	21兆円（目標）	1.3兆円	1.0兆円	6.7兆円	2.4兆円	2.3兆円	13.8兆円

約2.8兆円／年

名目GDPにおける政府支出（2017年確報）
政府最終消費（ソフト）　107兆円
公的資本形成（ハード）　 28兆円
計　　　　　　　　　　　135兆円

政府支出の2%（公共事業の1割）に過ぎない
これは小さすぎる（講師の主張）

出所：内閣府資料をもとに根本氏作成

多くの公共施設等が老朽化による更新時期を迎える中……（中略）……国及び地方は一体となってPPP/PFIの更なる推進を行う必要がある」という一文が付加されましたが、この点が極めて重要です（図表49）。

これまでのアクションプラン概要は、「財政や良好な公共サービスの実現」といった法律にある文言がそのまま表記されているだけで、地方自治体に対してPPP/PFIの推進を訴えてはいるものの、必ずしも説得力のある内容ではありませんでした。しかし、「老朽化」という言葉が入ったことによって、「自らの課題」として各自治体に共感を持って取り組んでもらえるようになったのです。

■1 インフラ老朽化問題とその処方箋

①集中投資と老朽化の集中

日本の場合、一般の家屋やマンションはそのままの状態では100年住み続けるこ

図表49　PPP/PFI推進アクションプラン（令和元年改定版）概要

PPPがなぜ必要なのかを説明するために、インフラ老朽化問題を2017年より明記

背景　今後多くの公共施設等が老朽化による更新時期を迎える中、公的負担の抑制に資するPPP／PFIが有効な事業はどの地方公共団体等でも十分起こりうるものであり、良好な公共サービスの実現・新たなビジネス機会の創出も期待できるため、国及び地方は一体となってPPP／PFIの更なる推進を行う必要がある

改定版概要

PPP/PFI推進のための施策

コンセッション事業の推進	実効性のあるPPP/PFI導入検討の推進	地域のPPP/PFI力の強化
○コンセッション事業の具体化のため、重点分野における目標の設定 ○独立採算型だけでなく、混合型事業の積極的な検討推進	○公共施設等総合管理計画・個別施設計画の策定・実行開始時期に当たる今後数年間において、国及び全ての地方公共団体で優先的な検討規程の策定・運用が進むような支援を実施 ・地域の実情や運用状況、先行事例を踏まえ、人口20万人未満の地方公共団体への導入促進を図るよう、分かりやすい情報の横展開 ・交付金事業等について、PPP/PFIの導入検討を一部要件化（公共住宅、下水道、都市公園、廃棄物処理施設、浄化槽） ・PPP/PFIの裾野拡大に向けて、地方公共団体の先導的な取組に対する地方創生推進交付金による支援やPPP/PFI導入に関する簡易検討マニュアルの周知等により地方公共団体の負担軽減を図る	○インフラ分野での活用の裾野拡大 ○地域・ブロックプラットフォームを通じた具体的な案件形成、民間企業の参入意欲刺激 ・官民対話の普及推進（民間提案の積極的活用等） ・地域企業の事業力強化 ・PPP/PFI地域プラットフォームの協定制度などを活用し、支援を強化 ・情報提供等の地方公共団体に対する支援 ・ワンストップ窓口制度、助言制度等の運用による支援強化 ・期間満了案件の検証 ・PFI推進機構の資金供給機能、案件形成のためのコンサルティング機能や地域再生法の特例の積極的な活用

公的不動産における官民連携の推進

○地域の価値や住民満足度の向上、新たな投資やビジネス機会の創出に繋げるための官民連携の推進
・公園や遊休文教施設等の利活用推進
・公共施設等総合管理計画・固定資産台帳の整備・公表による民間事業者の参画を促す環境整備
・特に市場性の低い地域での優良事例の成功要素抽出・横展開

その他

○キャッシュフローを生み出しくいインフラに対しての導入支援/検討
○コンセッション事業を含むPFI事業の課題を整理し、制度的対応の必要性を検討

コンセッション事業等の重点分野　クルーズ船向け旅客ターミナル施設【3件：〜令和元年度】、MICE施設【6件：〜令和元年度】、公営水力発電【3件：〜令和2年度】、工業用水道【3件：〜令和2年度】、空港（6件）、水道（6件）、下水道（6件）、道路（1件）、文教施設（3件）、公営住宅（6件）の6分野については、集中強化期間中の数値目標は達成。今後も引き続き重点分野とし、コンセッション事業の導入促進等を図る。

事業規模目標　21兆円（平成25〜令和8年度の10年間）
コンセッション事業7兆円、収益型事業5兆円（人口20万人以上の各地方公共団体で実施を目指す）、公的不動産利活用事業4兆円（人口20万人以上の各地方公共団体で2件程度の実施を目指す）、その他事業5兆円

出所：内閣府資料をもとに根本氏作成

とはできません。約10年ごとに屋根や外壁、水回り等の一部補修・交換や数十年に1度の大改修が必要であり、そのための費用も修繕積立金などで建築当初から念頭に置いた上で計画的に準備をします。公共事業である橋梁などのインフラについても、基本的にはその老朽化対応は同様です。しかし、実際には「計画的な対処」が困難な状況にあることが図表50から見て取れます。

　キーワードは「集中投資と老朽化の集中」です。短くても50年、長ければ70〜80年は使用に耐えられるインフラは、それだけの時間をかけてゆっくりと整備されていくものですが、1970年代をピークとする第1のピラミッドは1960年代に始まり70年代半ばまでの日本経済の高度成長期に一気に集中投資が行われました（注：ピラミッドの高さはその年に整備されたインフラの総量を表している。例えば、1970年代には毎年約1万本の橋が架けられている）。

　これらの中には、既に老朽化しているインフラも多数ありますが、これからがより深刻で、2020〜2030年代には補修と建て替えが集中する第2のピラミッドが迫っています。しかし、最近の架橋件数は10年平均で見るとピーク時の10分の1、年1,000本弱ですので、橋梁予算はこの1,000本分しかありません。そこに年間1万本の橋の更新時期が到来しても対応できるはずがありません。つまり、更新投資ニーズとその財源の間に大きなギャップが生じているのです。ちなみに、公営住宅、学校、水道などの他のインフラもほぼ同じ状況となっています。

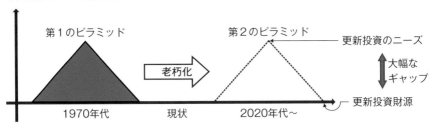

図表50　集中投資と老朽化の集中

老朽化集中による更新需要の集中化　⇒　すべてを更新　⇒　財政的に崩壊

⇒　「量と費用を減らす」　国：インフラ長寿命化計画、地方：公共施設等総合管理計画

出所：根本氏作成

　このグラフが提示されたのは2013年ですが、それまではこのような大きなギャップの存在が把握されていませんでした。しかし、現にそこにあるインフラ老朽化問題の解決は緊急かつ不可避なのです。そこで、2013年に国は「インフラ長寿命化計画」を策定して「社会資本メンテナンス元年」とし、従来の「新しいものをどんどん作る」から「新しいものとは別に、今あるものをしっかりと大事に使う」へと政策を劇的に転換することで、国全体でしっかりと計画を立て、その行動計画として地方版「公共施設等総合管理計画」が策定され、現在に至っています。この計画を実現していくのはこれからですが、財源がない中で第2のピラミッドをできるだけ低くすることが必須であり、その「低くする」ための知恵が求められるのです。

②インフラ老朽化の処方箋

　インフラ老朽化の処方箋について取りまとめたのが図表51ですが、至る所でPPP活用の可能性があることがわかります。まず、公共施設(建築物)に関しては、施設を利用する活動に公共性があるのであって、建築物そのものに公共性があるわけではありません。そのため、機能(活動の公共性)は維持しつつ、数量(建築物)を最大限減らしていくことが重要になります。

　具体的には、住民が集まって地域のことをいろいろと議論する行為（＝集会）は公共性のある活動です。しかし、それを行う場所は必ずしも「集会所」である必要はありません。同様に、文化芸術活動も立派な文化ホールがなくても活動自体は可能です。教育や福祉の分野では例外的に特殊な構造が必要な場合もありますが、基本的には「箱」さえあればいいので、民間企業が所有している「箱」を用いて各種活動を行うことも初歩的なPPPに相当します。

　次に、土木インフラ(道路、橋、水道等)は、誰がどんな動機に基づいて利用しても構いません。言い換えると、土木インフラ自体に公共性はありませんが、そうした活動を誰でも自由に行えるようにするところに公共性があります。道路や水道がインフラとされるのは、誰でも利用できるからです。したがって、土木インフラの量を削減することは公共性に直接的に影響します。

　このような理由から、公共施設と土木インフラの処方箋を大別すると、前者は量を削減しても公共性はほぼ影響を受けないので、機能をできるだけ維持しつつ量を

最大限削減する「公共施設再編」が求められます。一方で、後者はできるだけ量は削減せずに費用を下げる「LCC（ライフサイクルコスト）削減」がその処方箋となり、代替サービスや社会の在り方の変革などは、公共施設と土木インフラの双方に共通の処方箋となります。

③事例紹介

■公共施設再編の事例

公共施設再編には、図表52に掲げた五つの方法があります。まず、「広域化」は隣接する自治体との連携で、いわゆる広域連携です。現時点では事務組合や広域連合を組織して、病院、大型ホール、総合運動場等の分野で取り組んでいる事例が一般的です。ただ、分野ごとに"縦割り"の発想に陥りがちなため、PPPを取り入れて民間の視点で連携の橋渡しを行うことも可能です。

次の、「ソフト化」は民間施設を活用した保育所の民営化などで、PPPそのもので

図表51　インフラ老朽化の処方箋

種類		公共施設（建築物）	土木インフラ（道路、橋、水道等）
インフラとしての性格		利用する活動に公共性があり、インフラ自体には公共性はない	利用する活動には公共性はなく、そうした活動を誰でも行えるようにすることに公共性がある
対策の方向性		機能をできるだけ維持しつつ、インフラの量を最大限削減する方向	できるだけ量を削減しないで、費用を下げる
対策	機能を維持して量を削減する方法	公共施設再編（広域化、ソフト化、集約化、共用化、多機能化）・・図表52参照	間引き
	量を維持して費用を削減する方法	ライフサイクルコスト（LCC）削減　点検・診断・監視、リスク・ベース・マネジメント（RBM）、長寿命化・短寿命化など	
	代替サービス	分散処理（ネットワークから個別処理へ）　　例：公共下水道と合併処理浄化槽 デリバリー（サービス自体を配達する）　　例：移動図書館、訪問診療 バーチャル化（サービスをIoTで送る）　　例：電子図書館、遠隔医療 科学技術の進歩により実現できる新しい形態　例：自動運転、ロードプライシング	
	社会の在り方自体の変革	移転（コンパクト化、高台移転など）	

出所：根本氏作成

す。例えば、民間のスイミングスクールを利用して学校のプールの授業を行えば、学校プールは不要になることに加えて、より高いレベルの授業が受けられます。施設を整備して保有するという発想自体が、"右肩上がり時代"のレガシー的感覚であり、人口も市場も縮小していくこれからの時代には、自ら資産を持たないほうが有利なのです。今後は、「資産を所有するリスクをいかに削減するか」という発想が重要で、コンセッションはまさにその典型例です。さらに、もっと単純に民間が所有する資産を借りる「リース」という手法をとれば、不要になれば返却も可能です。この延長線上では、現在所有している施設をインフラも含めて「REIT（リート）」に売却してからリースバックするという「ガバメント・リート」も確実に増えてきます。これにより、自治体側は施設の運営やプログラムの内容に専念することが理想的です。

　三つめの「集約化」とは統廃合のことで、学校統廃合がその典型です。現実には、なかなか学校統廃合が実現できないことで、1学年1学級で生徒数は25人程度という状況が普通に見られます。このような状況は、子どもたちにとってみれば甚だ

図表52　公共施設再編の概要

階層区分	種類の事例	広域化	ソフト化	集約化	共用化	多機能化
広域	病院、大型ホール、総合運動場	広域連携				
全域	本庁舎、中央図書館		リース			ホール等との複合
地区	学校			学校統廃合	学校と地域施設の共用（体育館、図書館、音楽室、調理室など）…タイムシェア	学校への機能移転
	子育て支援施設、市民文化系施設、社会教育系施設、福祉施設他		民営化、民間施設利用			
住区	公営住宅、集会所		民間住宅活用（含む家賃補助）、集会所の地域移管	公営住宅集約化		集会所の学校への機能移転

出所：根本氏作成

迷惑であり、学校教育法などの法制度で求められている「適切な規模の教育環境」を確保する観点からも迅速な対応が求められます。その場合、存続させる学校には公民館（音楽室や調理室も含む）や体育館、図書館等をすべて包含させた上で、必要な機能をしっかりと残すことが重要です。

　その上で、昼は学校、夜は地域住民のための施設として複合化し、タイムシェアの発想で「共用化」することにより、一つの施設を2回転させることで施設数を半分にできるのです。このような複合化・共用化した学校の事例は全国各地でも出てきており、そこでは民間の発想で設計・運営もすべて多世代交流を前提にしつつセキュリティも確保するといったPPPのノウハウがフルに発揮されています。

　最後に、「多機能化」とはどうしても必要な施設を建て替えるとしても、機能は単独ではなく多機能にするという意味です。PFIの初期の古典的成功事例とも言える千葉県市川市の市立第七中学校は、中学校校舎に保育所、デイサービス、ケアハウスなどの様々な機能を組み込んで多機能化しています。

　この他にも、全国各地でのそれぞれの手法を用いた具体的事例として、図表53にまとめていますのでご参照ください。PPPは非常に幅広い概念であり、一つひとつについてそれがPPPかどうかを考えるよりも「民間企業が参加していれば、基本的にはPPPである」と考えて整理するほうが現実的です。実際の事例でも、PFI、民間施設利用、公的不動産など様々な形でPPPが活用されています。

■LCCの削減事例

　LCC削減に関して、近年増えてきているのが、IoTやAIなどに代表される技術開発によって進められるPPP事例で、基本的には民間企業が開発した新たな技術を公共のシステムに応用していくスタイルです。例えば、図表54の最初の事例は、加速度センサー付きのスマホを搭載した車両を通常の路面に走らせることで、センサーが察知した路面状態に関する情報を、GPSを通して自動的にデータセンターに送信、それを解析して路面の問題箇所を行政に報告する仕組みです。

　例えば、路線バスにこのシステムを搭載しておけば、毎日同じルートを通行する際、日常と異なるシグナルが出た場合に、土木事務所職員はその箇所だけを調査に行けば良いというシステムです。全国各地にこれだけ道路網が拡充された社会にお

図表53　公共施設再編におけるPPPの事例

手法	事例	内容	PPP類型
ソフト化	千葉県佐倉市：民間クラブでの水泳授業	学校プールを廃止して、市内の民間のスポーツクラブを利用して水泳授業を実施する。	民間施設利用
	東京都千代田区：生涯学習バウチャー	区と語学学校などが提携。区民は希望施設を利用して、後日申請すれば2分の1（上限1万円／人年）の補助金を出す。	民間施設利用
	埼玉県宮代町：集会所の地区移転	地区自治会に集会所を無償譲渡（必要に応じて耐震補強後）し、以後の維持管理は地元で行う方式。	地域移転
集約化	富山県富山市：都心地区の学校統廃合	都心の小学校7校を2校に統合。存続校の一つは小中一貫化。廃校跡地を地域包括ケア拠点として民間の学校法人やスポーツクラブを誘致し賑わいづくりに成功した例もある。	PFI 公的不動産
	北海道夕張市：廃校舎の民間活用	計9校を小中各1校に統合。廃校舎は無償譲渡・無償貸与する代わりに雇用創出。避難所としての利用も継続。	公的不動産
共用化	千葉県八千代市：萱田南小学校	PFIで小学校と生涯学習センターを合築。体育館、プールを両者で共用。地域側からの入り口は別に設定されている。	PFI
多機能化	千葉県市川市：市立第七中学校	中学校校舎に保育所、デイサービス、ケアハウス、講堂を組み込んだ多機能施設。	PFI

出所：根本氏作成

図表54　LCC削減におけるPPPの事例

事例	内容	PPP類型
千葉大、阪急阪神等	バスやタクシーなどの業務車両やパトロール車両にスマートフォンを設置して、加速度、角速度、位置情報、画像データを収集し、路面性状（IRI、国際ラフネス指数）を算出し、問題箇所を発見する。	技術開発
ドローンによる事前調査（岐阜県各務原市）	岐阜県各務原市は、国が定める5年に1度の定期点検にドローンを活用することを決めた。2019年の制度改正でドローンの利用が認められるようになり作業員が近接目視で損傷等を確認する必要がなくなり、費用の大幅な削減が可能となった。	技術開発
道路下空洞検査	道路下の空洞は下水道管の老朽化等により多発している。放置すると陥没事故が起きるため、事前にマイクロ波を照射して空洞検査を実施し、報告を受けた行政が対策を講じる仕組み。国土交通省データでは下水道管に起因する陥没事故は年間3千件発生している。	技術開発
千葉県我孫子市公共建築物保全計画	公共施設の保全業務の包括民間委託を通じて、従来は行っていなかった日常点検業務を実施し、その実績データをもとに建築物の部位ごとに実質的な耐用年数を割り出し、それを目安に更新計画を策定する方法を採用。	包括民間委託
東京都府中市インフラマネジメント計画	道路、道路付帯物を総合するインフラマネジメントを実践。その中で、市内の一地区を対象に道路点検、清掃、街路樹維持管理等の業務を一括して民間企業グループに委託。	包括民間委託

出所：根本氏作成

いて、土木事務所がすべての道路を完璧に管理することは不可能です。そのため、現状では何か問題が発生してから対応しているケースもありますが、それではみすみす事故発生を許すことになりかねません。この新たな取組は事故を回避するために、少しでも早く問題を察知しようとする方法です。さらに、路線バスのデータからは道路の渋滞箇所などの情報も把握できることから、行政だけでなく民間企業でも活用が可能です。

　また、道路下空洞検査のような事例もあります。実は、道路上の事故は路面下に空洞ができることで発生することが多く、その原因の多くは下水道管の老朽化です。国交省のデータによると、下水道管に起因する道路の陥没事故は、年3,000件程度発生しているとのことです。さらに、「包括民間委託」の事例もあります。通常、公共建築物は法定点検を部位ごとに別会社に発注して行い、この法定点検以外の日常的な点検は行っていません。問題があったら対処するという「事後保全」の考え方で対応しているのです。

　これに対して、千葉県我孫子市では法定点検をまとめて1社に発注することで、受注した企業が毎日のように当該公共施設に出向いていく中で、緩んだネジやボルトがあれば締め直すといった日常点検も併せて実施する内容での業務委託が成立しています。このような「ついで修繕」ができる包括民間委託は非常に優れていると思います。

　ただし、包括民間委託の場合にはリスクがかなり民間側に移転します。そのため、必要な設備投資や人材育成、技術開発に対応できるように、受託期間も単年ではなく3～5年とある程度長期契約とすることで、民間の能力が最大限発揮される手法となっています。現在、建築物系の包括民間委託はちょっとしたトレンドになっていて、全国至る所で検討が進み、参入する企業も増えていることから、その市場も大きくなるのではないかと期待しています。

　■代替サービスの事例
　もう一つ、代替サービスにおけるPPPの事例を紹介します(図表55)。まず、「デリバリー」と呼ばれるPPPの類型は、既存のサービスの形態に改めて着目し、それを活用しつつ、サービスの効率化や費用対効果の最大化に取り組むモデルと言えます。もっともわかりやすいのが、本を車で運ぶ「移動図書館」です。図書館を建設

するよりもはるかに低コストで同じサービス提供ができます。

　この他にも、医療・福祉分野では医師や看護師が病院で患者が来るのを「待つ」モデルから、高齢化によって通院できない高齢患者のもとへ「動く」モデルに切り替えて、医療・看護サービスを提供する訪問診療、訪問看護は、昔の「往診」モデルを復活させつつ、有料老人ホーム等と契約することでサービスの効率化、費用対効果の最大化を図っています。

　IoTを活用した新たな技術開発による事例としては、電子図書館や遠隔医療で図書館や医療といったサービスの提供を行う「公共施設のバーチャル化」も始まっています。現状ではまだまだ多くの課題がありますが、今後目覚ましい進化が期待される領域です。

　また最近では、トヨタ自動車とソフトバンクの共同出資会社である「MONET Technologies」が「e-Palette」という本格的な自動運転システムの実用化をめざすことを宣言して、地方自治体と組んで「特区」を用いた社会実験を始めようとして

図表55　代替サービスにおけるPPPの事例

事例	内容	PPP 類型
訪問診療・看護	医師・看護師が住民のもとに出向いて医療・看護サービスを提供するものである。公共施設の設置によるケアではなく、地域に存在する民間施設やそれらを利用した訪問サービスを統合する地域包括ケアはデリバリーを使って費用対効果を最大化するモデルと言える。	デリバリー
公共施設のバーチャル化	図書館における電子図書館、医療における遠隔医療、証明書類のコンビニ等での発行が典型的な事例である。デリバリーが昔から存在するものに改めて着目するという性質のものであることに対して、バーチャル化はICTを駆使して実現するもので、技術進歩の結果可能となるものである。	バーチャル化
MONET Technologies	ソフトバンク、トヨタ自動車共同出資の株式会社。当面、オンデマンド・モビリティサービスを実施する。さらに、2020年代半ばにはe-Paletteという本格的な自動運転システムの実用化をめざす。e-Paletteは自動運転車両自体が移動する空間となって、飲食、オフィス、住宅等を提供するものである。同社のパンフレットには患者を病院まで送り届ける間に車両内で健診を受ける医療シャトルの例が紹介されている。法制度的な課題は特区申請を通じて解決する方針である。	自動運転

出所：根本氏作成

います。その一部である「医療シャトル」というサービスでは、過疎地に住む患者の自宅から病院まで送迎する途中に、自動運転車両内で健診（血圧や体温等の測定）を済ませるなど、自動運転技術を診療効率化に結び付けることを想定しています。

　自動運転技術そのものはまだ発展途上にありますが、自動運転と様々なサービスを組み合わせることは将来的にも大きな期待が寄せられています。例えば、ATM機能を備えた自動運転車両が利用者のもとへ出向くことができれば、金融機関を悩ませている様々な高コストのサービスを大いに改善させることも考えられます。

② 人口減少時代のまちづくり

①地域経営のためのPPP

　これまでにご紹介してきたように、複数の技術やサービスをうまく組み合わせると、図表56のポンチ絵が示しているように、統廃合後の学校をコミュニティの拠点にして、図書館や体育館、郵便局や銀行、さらには病院や薬局、場合によっては警察署なども集約化することが可能になります。従来はこれらの機能が分散していたために、そ

図表56　統廃合後の学校をコミュニティの拠点にする

出所：根本氏作成　　　　　　　　　　　　　　　　　　　　　©いらすとや

れぞれの施設に出向く人も分散されていたのですが、拠点化した施設に多様な機能を集めることによって需要密度を集中することができれば、その周辺に立地したカフェやショップ、美容院、保育園といった民間ビジネスも十分に成り立ちます。従来のまちづくりでは、市街地の拡大によるスプロール化、分散化で民間企業が参入しにくい状態を作っていたのですが、これを集中化、コンパクト化させることで、再び民間企業が活動しやすくなると、そこに新たな投資の機会も生まれてくるのです。

PPPを活用することによって、すべての業種で民間企業には大きな役割が生じますから、民間事業者は人口が減少していく中でコンパクトなまちづくりが進められた場合に、自らの商売にどんな影響があるのかを常に考えるとともに、金融機関は自らの取引先にはどういうチャンスがあるのかを、一緒になって考えることが大切です(図表57)。地方自治体が気付かないようなポテンシャルを持った民間企業は実は地元にも数多く存在しているのです。そして、企業の情報やネットワークを持っている地域金融機関が、きっちりとその役割を果たすことが期待されているのです。

図表57　PPP活用で民間に生じる役割

業種	役割例
設計・建設	公共施設PFI 公共施設、土木インフラの包括民間委託
水道・造園	上下水道の耐震化・更新・維持管理 公園・街路樹の維持管理
不動産	統廃合により生じた余剰土地活用 民間空き家の公共住宅転用
サービス	福祉等ソフト化の受け皿 民間施設の拠点への移転 ガソリンスタンドなどが維持可能になる
交通	拠点内交通、拠点間交通、自動運転 スクールバス、コミュニティバスの運行
電子・情報	データベースの作成 IoTを使った公共サービスの実施
金融	上記に対するファイナンス 取引先への経営指導

出所:根本氏作成

現在の国の目標では、2050年でも総人口1億人を維持するとしていますが（図表58）、仮にその目標が実現できたとしても、現在より18％、約2割の人口減となります。人口集中地区の人口は、ほぼ現状維持と予測されることから、2割の人口減少はそれ以外の地域で起きると仮定すると、人口集中地区以外では人口が半減することになります。このような状態で、地域経営を成り立たせるためには、PPPの活用でありとあらゆる対応、手法をとることが必要になってくるのです。

②最後にして最大の壁は「市民合意形成」

　現在でも、それぞれの地方自治体では様々な場面で知恵を結集した計画を策定していますが、果たして市民がそれを受け入れるのかという問題があります。これまで通りのインフラが必要であると既得権を主張する人や民間企業の参入に対して不信感を抱く人もいます。そのため、これらの人々に対しては、自治体職員などによる「説明」が必要となってくるのです。ただ、「何をどれくらい説明すればどのような効果があるのか」については、これまでほとんど実証されていませんでした。

　そこで、「リアルタイムアンケートアプリ」という手法を使うことで、「説明」がどれほどの効果を及ぼすのかについて検証実験を行い、説明を行うことで明らかに理解が進むことが判明しました（注：詳細は根本祐二「公共施設等総合管理計画の実現のための『説明』の重要性についての考察」『月刊 地方財政』2019年8月号を参照）。例えば、自分の居住地区周辺にごみ処理施設や民間葬儀場、障害者施設、グ

図表58　人口集中地区とそれ以外における人口比較（2010－2050年）

	人口2010年 国勢調査	人口2050年 政府目標	減少率
全国	128,057,352	105,450,000	18％
人口集中地区	86,121,462	86,121,462	維持
それ以外	41,935,890	19,328,538	54％

出所：根本氏作成

ループホームなどを建設する場合、診療所の廃止や社会教育施設の統廃合、ガソリンスタンド廃止等々について、賛成と反対で決を採った場合、十分な説明をする前後の採決結果には、顕著な違いが現れるのです（図表59）。説明実験とその結果が明示されることによって、市民の間では全員が自分と同意見ではないことがわかったり（ポジショニング効果）、複数事例を並べることで人によって優先順位が異なることや、自分にとっての最優先課題が明確になったりするのです（プライオリティ効果）。

　本日も皆さんにご協力いただいて試してみようと思います。スマホで指定されたサイトにアクセスして質問に答えてください。「民間に委ねると公共性が損なわれる」というよく出てくる批判への意見を質問します。A「批判はその通りだと思う。」、B「批判は間違いだ。だが、理由は説明できない。」、C「批判は間違いだ。理由も説明できる。」の三つから選んでください。直感的な選択では、Bが46.1％ともっとも多く、Aも18.0％となりました（図表60）。この状況だとPPPを進めるのは難しいと思います。

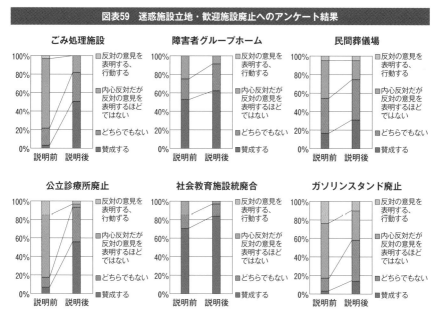

図表59　迷惑施設立地・歓迎施設廃止へのアンケート結果

出所：根本祐二「公共施設等総合管理計画の実現のための『説明』の重要性についての考察」月刊地方財政2019年8月号

「民間に委ねると公共性が損なわれる」が間違いである理由を理解していただくために、PPP理論を解説します。第1に、PPPでは公共性を定義するのは官であり、公共性を達成した上でもっとも効率性の高い提案を行った民が選定されるということです。要求水準書と提案内容が契約に盛り込まれ、その通り実行されないとサービス購入料の減額や契約解除などのペナルティが発動されます。民間は利益を上げるために参入しますので、わざわざそのチャンスを放棄し他のビジネスもできなくなるようなことはしません。このように、民間が経済合理的に行動すれば自動的に公共性が守られるという仕組みを作ったことが、PPPの歴史的な意義になります。

　第2に、公共性は基準や資格で定められる場合が多いということです。例えば、学校給食センターは衛生面での細心の注意が必要ですが、国際標準であるHACCP準拠を明示した上でPFI手法が多く用いられています。大事なことは公務員であるか否かではなく、信頼できる基準を満たしているかどうかです。皆さんは病気になった時に公立病院にしか行かないでしょうか。民間病院でも安心して行けるのは医師免許が信頼されているからです。医薬品はすべて民間企業が製造販売していま

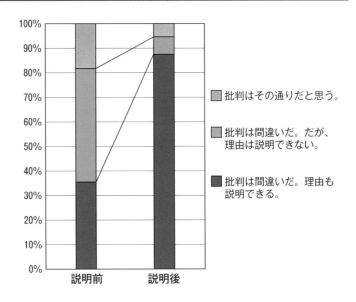

図表60　PPPへの誤解の賛否アンケート結果（民間に委ねると公共性が損なわれるとの批判）

凡例:
- 批判はその通りだと思う。
- 批判は間違いだ。だが、理由は説明できない。
- 批判は間違いだ。理由も説明できる。

（横軸：説明前、説明後）

出所：根本氏作成

す。なぜ安心して服用しているかというと厳しい基準をクリアしていることを知っているからです。以上のことから、「民間に委ねると公共性が損なわれる」というのは全くの誤解であることがわかります。公共性を明確な基準や資格で定義し、守られなければペナルティを科す仕組みができれば心配はありません。

この説明後に再度同じ質問をします。今度は、Cが88.2％になりました。説明が認識を変容することが実証されたと思います。

今後、地方自治体がPPPを活用した地域経営を行う際にも、このような手法を上手に使いながら合意形成に当たることが必要です。市民の合意形成をPPPの「最後にして最大の壁」と言いながらも、従来は専ら行政に任せきりで、この点については、民間企業も金融機関も大学もほとんど機能してきませんでした。目の前の問題、テーマに対して自分の立場なら何ができるのかをすべての関係者が考えることが重要なのです。そうしなければ、世の中も自らの事業も動かすことはできません。

おわりに

本日の要旨をまとめると、PPPそれ自体は目的ではないものの、インフラ老朽化問題の解決にはPPPは大いに役立ちます。そして、PFIや指定管理だけではなく、民間施設利用や新たな技術開発なども広い意味でのPPPとなるのです。また、市民合意形成を実現するためには、「説明すること」とその結果を「可視化すること」が重要です。

アメリカでは1980年代の原発建設に対する市民の反対運動に対して、地道に市民合意形成を行うことで乗り越えてきた歴史があります。そこで提示されたアメリカの合意形成の流れが、「inform（情報提供）⇒ consult（相談）⇒ involve（市民参加）⇒ collaborate（共同、協働）⇒ empower（権限移譲）」です。この順番でPublic Participationがグレードアップしていくのです。

この流れに沿うならば、本日の私の講演は最初の「inform（情報提供）」だけであり、まだ第1段階しか取り組んでいないことになります。これからもっともっと段階を進めていかなければならないので、現状に満足せずグレードを進めるためにどうしたら良いのかの、自分自身のこれからの課題が見つけられたと思っています。ご清聴ありがとうございました。

2-4 PFI/PPPに携わった20年を省みて

野元 和也 氏

福岡市農林水産局中央卸売市場 市場整備担当主査

【プロフィル】
1972年　鹿児島県指宿市生まれ
1994年　鹿児島大学卒業後に福岡市役所入庁。タラソ福岡、新こども病院、拠点文化施設、須崎公園、ウォータフロント再整備事業、総合体育館のPFI/PPP事業を担当し、2019年より現職。福岡市最適事業手法検討委員会委員、内閣府PFI推進委員会専門委員（2010～2013年）、国土交通省PPPサポーター（2016年～）。

1 はじめに

　1999年にPFI法が制定されてから20年が経とうとしている。当時、余熱利用施設整備事業の立ち上げを任せられたばかりの私は、初めてのプロジェクトに大いに張り切っていた。一方で、既存の整備方法に少なからず疑問を感じていた。というのも、直前に清掃工場整備事業を担当していた時に、「変更に対する柔軟性の低さ」「オーバースペックな仕上げ」「三層に重なった工事監理」など、合理的でない部分を垣間見てきたからである。

　今回の寄稿依頼を受けた時に、既存の手法に対する漠然とした疑問のことを思い出した。当時の私がPFIという新しい手法に魅力を感じたのは、「もっと合理的にプロジェクトをできないのか。もっとクリエイティブなやり方はないのか」と考えていたからである。

　もう一つ、思い出したことがある。この余熱利用施設は、「タラソテラピー（海洋療法）を用いた温浴施設」として企画していたことから、当初は先行事例の反省点や運営プレーヤーの意見を計画や仕様書に反映しようとしていた。しかし、運営プレーヤーには当然のように個性があり、意見は異なる。そのため、誰が受託しても対応できるように、設計仕様を最大公約数的に集約し直す必要があった。そのジレンマを感じていた私にとって、設計と運営を上手に結び付けることができるPFI

手法は最適解に映った。

　つまり、PFIは課題解決の手段に過ぎなかったのである。20年が経ち、現在の
PFIを見渡して思うのは、PFIの導入自体が目的化していないかということである。
その後、私は市全体のPFI推進業務、新こども病院、拠点文化施設、須崎公園、総
合体育館等のPFIプロジェクトを担当してきたため、PFI実務全般に詳しくなった
が、必ずしもPFIのポテンシャルを十分に発揮できていない（図表61）。経験を積
むほど、PFI実務の難しさを感じ、バトンを渡した担当者からの不満を聞くことも
多くなってきた。その反省を含めて、PFIの実務面の変遷を振り返ってみたい。

　なお、6次の改正を重ねたPFI法は、対象範囲が広がるなど着実に進化しており、
また、国、地方自治体、企業、金融機関、アドバイザーといった各プレーヤーは、
個々に経験を重ねるだけでなく、地域プラットフォームにおいてノウハウやネット
ワークを共有するステージに進んでいる。これらのPFIの進化については、専門家
が誌面や講演等で振り返っていることから、ここでは触れないでおきたい。

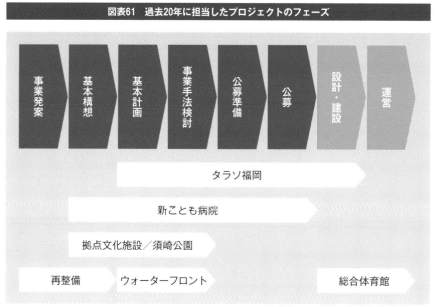

図表61　過去20年に担当したプロジェクトのフェーズ

事業発案　基本構想　基本計画　事業手法検討　公募準備　公募　設計・建設　運営

タラソ福岡

新こども病院

拠点文化施設／須崎公園

再整備　ウォーターフロント　総合体育館

出所：筆者作成

2 「PFI」のクオリティ

「PFIのクオリティ」は、あまりなじみのない言葉であるが、自治体職員がPFIに取り組む際に意識してほしいキーワードである。

既に多くのPFI事業が実施され、VFM、公募書類、要求水準書、審査方法、契約書の型が出来上がっており、初めての担当者でも取り組みやすくはなっている。また、以前はアドバイザーによってその能力に若干の差があったが、最近では収斂(しゅうれん)されてきている印象がある。ただ、私が残念に思うのは、全体の集大成には至っていないことだ。

10年ほど前にイギリスにおける病院PFIを調べていた時にうらやましく思ったのが、国が契約書や要求水準書の標準形を作成しており、さらにバージョンアップを重ねていたことである（図表62、標準契約書はVERSION4まで作成された）。標準形があれば、反省を活かすことができるが、これがないと、これまでの多くのプロジェクトの反省点が反映されない。このことは、大きなロスでなかろうか。PFI専

図表62　イギリスの標準契約書

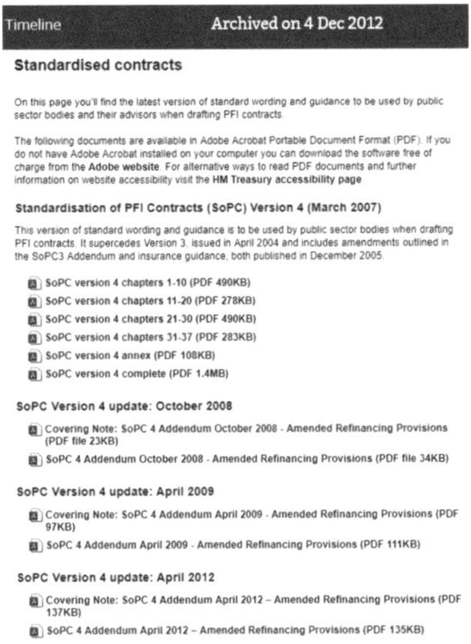
Timeline　Archived on 4 Dec 2012

Standardised contracts

On this page you'll find the latest version of standard wording and guidance to be used by public sector bodies and their advisors when drafting PFI contracts.

The following documents are available in Adobe Acrobat Portable Document Format (PDF). If you do not have Adobe Acrobat installed on your computer you can download the software free of charge from the **Adobe website**. For alternative ways to read PDF documents and further information on website accessibility visit the **HM Treasury accessibility page**.

Standardisation of PFI Contracts (SoPC) Version 4 (March 2007)

This version of standard wording and guidance is to be used by public sector bodies when drafting PFI contracts. It supercedes Version 3, issued in April 2004 and includes amendments outlined in the SoPC3 Addendum and insurance guidance, both published in December 2005.

- SoPC version 4 chapters 1-10 (PDF 490KB)
- SoPC version 4 chapters 11-20 (PDF 278KB)
- SoPC version 4 chapters 21-30 (PDF 490KB)
- SoPC version 4 chapters 31-37 (PDF 283KB)
- SoPC version 4 annex (PDF 108KB)
- SoPC version 4 complete (PDF 1.4MB)

SoPC Version 4 update: October 2008

- Covering Note: SoPC 4 Addendum October 2008 - Amended Refinancing Provisions (PDF file 23KB)
- SoPC 4 Addendum October 2008 - Amended Refinancing Provisions (PDF file 34KB)

SoPC Version 4 update: April 2009

- Covering Note: SoPC 4 Addendum April 2009 - Amended Refinancing Provisions (PDF 97KB)
- SoPC 4 Addendum April 2009 - Amended Refinancing Provisions (PDF 111KB)

SoPC Version 4 update: April 2012

- Covering Note: SoPC 4 Addendum April 2012 – Amended Refinancing Provisions (PDF 137KB)
- SoPC 4 Addendum April 2012 – Amended Refinancing Provisions (PDF 135KB)

出所：HM TREASURY

属の部署がある福岡市では、ノウハウの蓄積や次の事業へのフィードバックは可能であるが、ほとんどの自治体では専属の部署がないため、自治体レベルではなく、国が標準形を作り、クオリティを向上させるのが正しい姿だと私は思う。それによって、アドバイザー任せからの脱却が期待できる。

3 プロジェクトのクオリティ

前段の「PFIのクオリティ」と同等以上に重要なのは、「プロジェクトのクオリティ」である。PFIの導入により、プロジェクトのクオリティは向上したのだろうか。

プロジェクトのクオリティとは、優れた構想力、アイデアの進取性、真のニーズを集めるユーザー観察といった「川上」から、整備運営にわたる設えの細やかさといった「川下」までを指している。

①プロジェクトにかける時間

プロジェクトの作り込みとPFI手続きとは車の両輪であり、限られた時間の中でバランスよく取り組む必要がある。しかし、PFIは従来手法よりも前倒しで検討を行う項目が多いため、プロジェクトの担当者は忙殺される。結果として、PFI手続きにばかり手間暇がかかってしまい、プロジェクトの磨き上げは疎かになりがちで、慣れていない自治体ほど、「プロジェクト<PFI手続き」となる傾向にある。プロジェクト本体にかける時間とPFI手続きにかかる時間の比率は、5：5くらいが妥当だと思うが、実際は2：8くらいになっていないだろうか。

②プロジェクトマネジメント

次に注目すべきは、プロジェクトマネジメントである。チーム編成、検討経費の獲得、企画コンサルとPFIアドバイザーの選定と提携、庁内のオーソライズ、情報公開への備えなど、PFIプロジェクトとして検討する事項は多岐にわたる。私はPFIにはプロジェクトマネジメントを意識的にビルトインしたほうがいいと考えるが、残念なことに国のガイドラインではPFI手続きが中心であり、プロジェクト全体としての整理ができていない。

この「プロジェクト全体のスケジュールとPFI手続きのスケジュールのかみ合わ

せ方」は、20年前には相当バラツキがあったが、最近では事業カテゴリーごとにパターン化されているようである。しかし、今なお慣れていない自治体は、ここでつまずくことが多いようである。このように、スタートダッシュでつまずくことを、私は「ゼロ年度問題」と呼んでいる。プロジェクトは通常1年目に内部で企画を進めつつ予算や体制を要求し、2年目に基本構想、3年目以降に基本計画、最適事業手法検討等を行うが、経験のない担当者だと、最初のスケジューリングが甘くなってしまう。そのためゼロ年度から専属の担当者を配置し、予備知識を蓄えるとともにプロジェクトマネジメントの戦略を練るべきである（図表63）。

③創意工夫の余地

PFI導入は、プロジェクトのクオリティ向上のきっかけにもなり得る。

PFIは民間の創意工夫を活かす仕組みであり、創意工夫の発揮場所が事業プロセスの川上であるほどVFMは大きくなる。当初は、やや限定的に活用されていたき

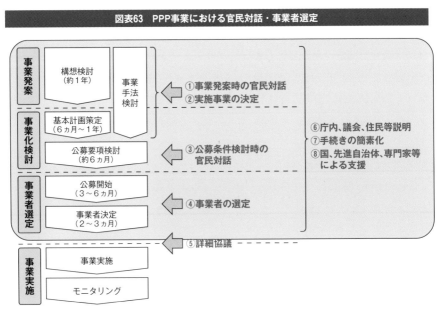

図表63　PPP事業における官民対話・事業者選定

出所：国土交通省HPより　プロセスに関する運用ガイド　https://www.mlit.go.jp/common/001150188.pdf

らいがあるが、最近は基本構想や基本計画の段階からマーケットサウンディングを行うことが多く、柔軟に意見を取り入れやすくなっているようである。

ただ、残念なことに、公共プロジェクトは「時代遅れ」になりやすい。その理由としては、「先行事例に倣って企画するため、実現する頃には鮮度が落ちている」「当初は尖った企画だったが計画に進む頃には庁内調整でエッジが丸くなっている」「建物ありきで企画してしまい、運営とかみ合わない」などが挙げられるが、PFIプロセスを前提とすることで、市場性を無視した計画にブレーキがかかることや、マーケットの視点にさらされることで、健全性を担保しやすくなっていることは、もっと認識されても良いように思う。

さらに言えば、企業の意見を柔軟に取り入れるためには、発注者側自らが柔軟である必要がある。クリエイティブな姿勢で取り組むことができれば、PFIはもっともっと面白くなるはずである。

▋4 要求水準書とモニタリング

要求水準書は、PFIの重要な要素の一つであるにもかかわらず、いまだに完成度が低いままではないだろうか。

①工夫の余地

要求水準書は、民間の創意工夫を発揮できるように、仕様を細かく定めずに工夫の余地を残すことが基本である。しかし、「工夫の余地を残す」＝「曖昧に表現する」と誤解している人がとても多い（さらに言えば、曖昧な書きぶりのほうが作りやすい）。よくある失敗談は、当然満たされると思い込んでいたレベルを下回る提案や設計書、計画書が出されることだろう。その対応だけで提案後の担当者がどれだけ苦労してきたことか。企業側はその穴をついて提案してきており、事業費の増額に繋がる対応は簡単ではない。

「"フリーな余地"ではなく"幅のある余地"を丁寧に書き込むこと」「面倒くさがらずに最低限の要求水準レベルを書き込むこと」「一定のレベルにしたいなら具体的に書き込むこと」「役割分担を丁寧に書き込むこと」「特に、隙間業務はトラブルになりやすいと認識しておくこと」など、要求水準書には書き込み過ぎるくらいが良い

と私は考えている。

②モニタリングとの連動

　要求水準書はモニタリングや支払と連動していることが基本であるが、その仕組みは不完全だと言わざるを得ない。

　通常は契約書の別紙2か3あたりにこの支払スキームが記載されている。一見すると連動しているようだが、本当に連動しているところは皆無ではなかろうか。簡単に説明するために、本稿では運営維持管理に限定したい。どこの自治体もSPC（特別目的会社）からの月例報告書を確認した上でサービス対価を支払っているが、その月例報告書は要求水準と連動していると自信を持って言えるだろうか。

　昨年、総合体育館PFIの担当となった時、整備に関してはほぼ整理がなされていたし、JV（共同企業体）チームが真摯に対応してくれたので、要求水準書に関する大きな齟齬はなかったが（図表64）、運営に関してはほぼ手つかずの状況であっ

図表64　要求水準未達の例示（福岡市総合体育館事業）

要求水準を達成していないとされる事象
（要求水準を達成していないとされる場合とは、以下に示すア及びイとし、その具体的な事業は、下表に示す通りとする。）
ア　本施設を利用する上で明らかに重大な支障がある場合
イ　本施設を利用することはできるが、明らかに利便性を欠く場合

業者	ア　重大な支障がある場合	イ　利便性を欠く場合
共通	・業務放棄 ・故意に発注者との連絡を行わない（長期にわたる連絡不通等） ・発注者からの指導・指示に従わない ・虚偽の報告 ・法令違反　等	・業者の怠慢 ・利用者への対応不備 ・業務報告の不備、遅延 ・関係者への連絡の不備
開業準備業務	・予約システムの不備の放置 ・事前広報活動、開業前利用受付業務への未対応 ・開館記念式典及び内覧会ならびに開館記念イベント人身事故の発生	・開業準備業務の不備
運営事務	・運営業務の不備による人身事故の発生 ・利用者等からの苦情の放置　等	・運営業務の不備
維持管理事務	・定期点検の未実施 ・故障等の放置 ・故障等の放置に起因する人身事故の発生 ・災害時の未稼働 ・衛生状況の悪化等により利用者に重大な影響を及ぼす事態の発生　等	・維持管理業務の不備 ・保全上必要な修理等の未実施
修繕・更新業務	・計画に基づく修繕・更新業務の未実施	・修繕・更新業務の不備
経営管理	（共通を参照）	（共通を参照）

出所：福岡市HP

た。私はベストプラクティスを下敷きに整理しようと他都市を調査したが、見つけることはできなかった。思うに、この仕組みに関してはPFI当初よりあまり進展していないのではないか。

　要求水準書とモニタリングはそのままでは直結していない。両者を繋ぐのは「基本計画」「年度実施計画」「マニュアル」である。まずは、提案書と要求水準書等の内容をすくい取った基本計画書と年度実施計画書を作成する。これだけでは要求水準書を拾いきれないので、マニュアルでカバーする。マニュアルは日々の業務レポートの様式とセットで作成する。モニタリングは担当者モニタリング→業務リーダーモニタリング→統括責任者モニタリング→発注者モニタリングと階層的であることから、それを念頭に業務レポートを作り込まないといけない。レポート作成とSPC内でのモニタリングが機能していれば、発注者のモニタリングは身軽に行えることになる。さらに言えば、PLAN-DO-SEEのサイクルも担保できることになる。公募資料を作成する段階で、このような作業プロセスが発生することを理解して準備しているプロジェクトは少ないのではないだろうか（図表65）。

図表65　要求水準書とモニタリングの関係

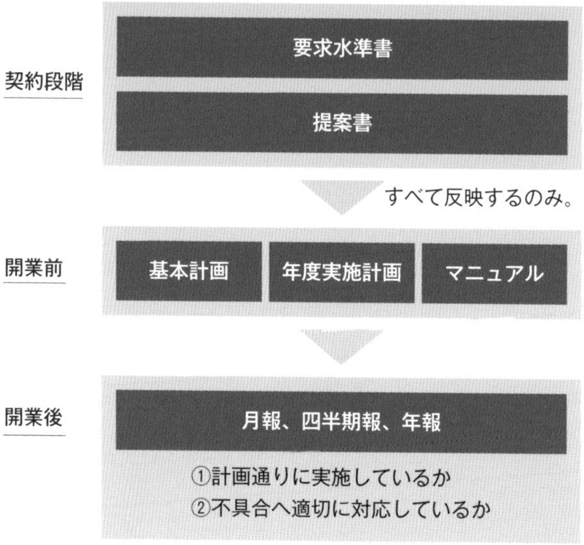

出所：筆者作成

③減額スキーム

　次に、減額スキームである。契約書別紙に、「重要な離齬があった場合は、○ポイントが減額の計算式に加算される」と記載されているが、何がどのような状態になればその規定に当てはまるのかが明文化されていない。要求水準書と契約書別紙の隙間問題は甚だ大きい。

　減額スキームとは、お互いが同じ尺度を持って、緊張感を持ちつつ事業に向き合うために必要不可欠な仕組みである。

　私が担当したこども病院PFIでは、要求水準未達が客観的にわかるように、パフォーマンスパラメーターとして整理した（図表66、不十分な点が多く、後任の方々には迷惑をおかけしたが）。このような仕組みはマイナーで、ほとんどの事業では要求水準未達を客観的に図る仕組みはないと思われる。契約後にこのような仕組みを追加で導入しようとしてもできないし、提供されたサービスの水準が想定より下回っても減額はできない。結果として、相手をグリップできずに困っている地方自治体は多いのではないだろうか。

④解決方法

　要求水準書に関しては課題が多いが、これらを解決するために、国は標準化に取り組むべきである。標準化の効用は官民双方へのメリットが大きいと考えられる。

　まずは、標準化しやすい維持管理の要求水準書について取り組んでみてはどうだろうか。施設や部屋の特性によって維持管理レベルは異なるため、そのレベル感をどう示すかも整理してほしい。

　また、プロジェクトによって要求水準書の仕組みは若干異なるので、パターン化にも取り組みたい。タラソ福岡のプロジェクトでは利用料が収入の大半を占める独立採算型であったため、要求水準書は最低限の枠組みに抑えた。こども病院のプロジェクトでは病院職員とのコラボレーションに離齬が出ないように、通常の仕様書以上に詳細な条件や役割分担を書き込んだ。自治体がプロジェクトをどの程度グリップしたいかによっても作り込み方は異なると思われる。

⑤アドバイザーフィー

アドバイザーフィーに要求水準書作成にかかるコストをどれほど織り込んでいるだろうか。アドバイザー委託は、VFM計算、手続き支援、契約書作成、契約交渉にかかる費用が含まれるので一般的に高額となるが、要求水準書の作成支援業務は割と少額の場合が多い。このコスト比率を意図的に多く設定して、作業ボリュームを示すとともに優秀なテクニカルアドバイザーを味方につけるべきである。

図表66　こども病院のパフォーマンスパラメーター

■建築物保守管理業務

項目	No.	定性的・定量的指標	レベル	測定期間	基準値	ポイント付与数 ボーナス（金）	ペナルティ（赤）	備考
〈サービス品質評価〉								
設計図書に定められた所定の性能及び機能を維持すること	1	施設分類Aの部屋について不具合が発生した場合、復旧時間以内に要求水準の未達の状態が回復できていること	4	3カ月	- 0〜3件 4〜6件 7件以上	-	5P	・「施設分類表」での規定に基づく
	2	施設分類Bの部屋について不具合が発生した場合、復旧時間以内に要求水準の未達の状態が回復できていること	3	3カ月	- 0〜3件 4〜6件 7件以上	-	3P	・「施設分類表」での規定に基づく
	3	施設分類Cの部屋について不具合が発生した場合、復旧時間以内に要求水準の未達の状態が回復できていること	2	3カ月	- 0〜3件 4〜6件 7件以上	-	2P	・「施設分類表」での規定に基づく
	4	施設分類Aの部屋が使用できない状態が15分以上続き、医療行為に係る一連の作業に影響を与えないこと		1日	ゼロ - 1件	-	5P	・SPCに帰責性のある事由に限る ・使用できない部屋の数で評価する
〈プロセス評価〉								
業務マニュアルを遵守して業務を行うこと	5	チェックシートに不可の項目がないこと	3	3カ月	6か月連続ゼロ 0〜5% 6〜10% 11%以上	-	3P	・チェックシートに記載された項目総数の不可(×)数の割合で評価する ・本項目の基準値は、チェックシートの確定後、見直しを行う
	6	チェックシートに記載された項目に関し、同一項目が2カ月連続で不可となっていないこと	4	3カ月	- 0〜3件 4〜6件 7件以上	-	5P	・不遵守のまま継続した数で評価する
〈その他〉								
なし								

出所：福岡市立病院機構

5 変更への柔軟性

　20年前から課題とされているPFI契約の変更に対する柔軟性について解決策は見つかったのだろうか。長期の契約期間において、ニーズの移り変わりや技術革新を柔軟に反映させることは、行政側にも企業側にもメリットが大きい。

①要求水準レベルの変更

　一般的に契約変更は議決事項であることから、大きな変更であれば、この手続きが必要である。しかし、要求水準レベルの小さな変更については、異なる手法で受け入れる必要がある。本来であれば要求水準書の変更は議決対象になるが、先ほど指摘した通り、要求水準書は基本計画書や年度実施計画書に姿を変える類いのものであるため、ここで柔軟に受け入れることは可能であるし、要求水準を超える変更でなければ変更に当たらないというロジックも浸透しているように思える。

②審査段階の確認

　将来的な変更を少なくするために、提案審査段階における"確認"はとても重要である。勿論、提案書の変更は不可であるが、要求水準書等と見比べて不明確な点がある場合、これを明確化するプロセスを経ることは可能である。実は、この不明確なまま残された部分が"認識の相違"を生み、結果として変更に繋がることが多い。その変更を未然に防ぐためにも、ヒアリング等を通じて、どのように要求水準書をクリアするのかあらかじめ確認しておく必要がある。審査段階は審査委員会の運営等で忙しく、審査業務の簡略化も求められている中で逆行する話ではある。しかし、PFIの審査委員会は提案の優劣だけではなく、将来生じるかもしれない認識の相違を潰しておくことも重要な役割だと改めて認識しておきたい。

　これらの事項が議論されていないのは、契約後に発注者側のチームが縮小されたり、担当者が異動することが多いからだろう。当然であるが、提案以降の要求水準追加（後出しじゃんけん）はルール違反である。新しく着任した担当者はこの点に疎い可能性があり、対応を間違えると傷口を広げる可能性がある。前述の要求水準書の話にも繋がるが、質の高い要求水準書を作成しておくことは、認識の相違や

軋轢を減らすために有用であることを重ねて指摘しておきたい。

6 VFM

当初は「VFMの源泉」に関する議論は多かったが、最近はこなれた削減率をそのまま使うことから、議論されることは少なくなった。しかし、この削減率について、担当者が腑に落ちているかといえばそんなことはない。

「工事の単価が上がってきたから、VFMが出にくくなった」という話を聞いたことがある。これはVFMが正しく理解されていない証左ではないか。PFIを普及させたいのであれば、納得しやすいロジックとデータを示すことが早道である。

7 PPP

①最適事業手法の検討

事業手法を比較検討すると、BTO（Build-Transfer-Operate）が模範解答のようになっている。確かに、BTOはVFMが出やすい手法ではあるが、型ができ過ぎというか、答えをなぞったような違和感がある。

最適事業手法の検討は、まず「幅広い選択肢」を用意するところから始まるが、このメニューにはBTO、BOT（Build-Operate-Transfer）、指定管理等のなじみのメンバーが並んでおり、最近だとコンセッションが仲間入りしてきた。事業によっては、例えば公営住宅であれば「既存の民間ストックの活用」、上下水道であれば「広域化」などが追加される。しかし、"捨てネタ"として並べられているような気がするのは私だけであろうか。

法制度やスケジュール等のハードルを持ち出してきて、効果は○だけど、現実性で△という評価になってしまいがちだが、その△の部分をどうやったら○にひっくり返せるかというクリエイティブな議論を行いたい。本気で考えれば打開策はあるかもしれない。しかし、残念なことにプロジェクト単体ではこのムーブメントは起こりにくいのが現実である。

福岡市では、最適事業手法検討委員会が設置されており、外部有識者を交えて健全な議論がされている。私も委員としてこの議論に加わっているが、このやり取りを密かに楽しんでいる。

蛇足だが、下水インフラを担当している友人から「確かに広域化はコストダウンに繋がるが、資材の規格化のほうがよっぽどコストダウンに繋がる」という話を聞いたことがある。各地域ごとに微妙に異なる規格をそろえれば、一括発注や在庫管理などのメリットに繋がるのだろうか。このあたりの事情は詳しい方に教えていただきたいところである。

②コンセッション

2011年に公共施設の経営を委ねることができるコンセッションが追加され、空港や上下水道などの分野にPFIが一気に広がった。対象範囲が広いビッグプロジェクトほど、それをまとめ上げるのは至難の業であることは容易に想像できるので、それを成し遂げた官民のチームには純粋に敬意を払いたい（正直にいえば、コンセッション云々よりプロジェクトマネジメントのほうに興味があるのだが）。

コンセッションは空港や上下水道だけではなく、ホールやホテルにも導入されており、今後も適用分野は広がると思われる。コンセッションには事業との相性があり、基本的に支出に対して収入の割合が大きいプロジェクトで、かつ、収入の伸びしろが大きいプロジェクトでなければ企業は参入しない。そういった相性があるにもかかわらず、（若干背伸びして）コンセッションありきで検討されているプロジェクトが散見される。「使い勝手の良い指定管理者制度を工夫して使えばいいのに」と思う関係者は多いのではなかろうか。

以前、私もコンセッションのVFMを検討したことがあるが、一般的なPFIと比べわかりにくい。これについてはいずれ整理したい。

③今後のPPP

これから、地方自治体が公共施設を絞り込む時代がやってくる。その時にクローズアップされるのは"RO（Rehabilitate Operate：改修・運営）"と"普通財産PPP"の二つではなかろうか。

これまでROはマイナーな手法で、元施主が有利だとか、図面と現場の違いがリスクコストとして加算されやすいといったネガティブな意見が多かったが、行政は施設リノベーションに不慣れで、企業のほうが得意な分野である。ミックスユーズ

も然り。その背景から、企画自体にクリエイティブな発想が必要であり、必然的により川上段階から企業とのパートナーシップを組むことになるだろう。

現在、私が最も興味を持っているのは、普通財産PPPである。市町村合併、人口縮減、ニーズの縮小等に伴い、普通財産化される公共施設はこれから増加の一途を辿るであろう（普通財産化して単純に売却する場合は、PPPとは言えないが、公益的性格を持たせる場合は、PPPのカテゴリーに入る。公営キャンプ場を民営キャンプ場にするような場合も同様である）。使われなくなった小学校や青少年施設等はロケーションが良い物件が多く、また、1970年代に建てられた味のある建築物は、リノベーションにより、カフェやシェアオフィスなどとの相性も良い。行政としては、指定管理料等の支出を賃料収入に変えることができることも大いに魅力である。

普通財産PPPはプレーヤーの顔ぶれが異なっており、「大手ゼネコン→リノベーションが得意な設計事務所」「大手維持管理企業→地場のユニークな企業、不動産会社」といった違いがある。大手ゼネコンにはPFI情報を収集する部署があるが、

図表67　福岡県公共不動産活用推進プロジェクト

出所：公共R不動産HPより　https://www.realpublicestate.jp/post/fukuoka-01

一般的に地場企業は情報収集に疎いことから、行政から積極的に営業する必要がある。また、資金力の違いもある。現在は廃校活用が先行しており、文科省が事例集等を作成しているが、リノベーション等の初期投資を抑えるものはポテンシャルを発揮しきれていない場合が多い。投資を呼び込めるような案件を形成するためには、公募の自由度を高めるだけでなく、地域の金融機関がコーディネーターとして先回りして関与するなどの工夫が求められる。

　また、普通財産PPPは中小の自治体でも取り組めることも特徴の一つである。これらの自治体はマーケットサウンディングの経験が少なく企業との接点も少ないことから、最近では官民のマッチングイベントが盛んである。福岡県でも今年度から福岡県公共不動産活用推進プロジェクトが始まっており、ここからユニークなプロジェクトが生まれることを楽しみにしている（図表67）。

8　変わったこと、変わらないこと

　最後に、PFIを取り巻くこの20年の変化について俯瞰してみたい。

①PFIの選び方

　積極的選択から消極的選択に変わってきたように思う。当初は、そのポテンシャルに大いに期待しての導入であったが、実例が増えるにつれて、PFI導入のハードルの高さや使いにくさ、失敗事例があらわになり、導入に対して慎重になってきた。それでもPFI導入に舵を切るのは、従来手法は相変わらず使い勝手が悪く（地方自治法に基づく発注方法、分離分割発注せざるを得ない事情等）、企業が創意工夫を発揮しにくいからである。

②金融機関の役割

　金融機関に期待される役割は、リスク調整機能だけでなく、地域企業のコーディネート機能も含まれるようになった。また、プロジェクト発案段階で金融機関に相談することは、以前では考えられなかったが、最近では当たり前になってきている。

③マーケットサウンディング

PFIの一番の成果は、企業に対するマーケットサウンディングが浸透したことではないだろうか。以前は、企画段階で学識経験者やコンサル等から意見をもらうことはあっても、企業へのヒアリングは公平性の観点から避けられてきた節がある。しかし、現在では企業に参加しやすい条件や参加意欲を確認することは当然のように行われるようになった。公募前のアナウンス効果も期待できることに加えて、公共マーケットにアンテナを張っていない企業に対しても積極的にアプローチできるなどメリットは大きい。ただし、最近では企業側のサウンディング疲れや、サウンディングの形骸化という面も見られるようになった。

一方で、20年で変わらないことは何だろうか。私は官民連携に取り組むこと自体の難しさだと思う。行政側がお上意識を脱ぎ捨てないとパートナーシップの醸成は望むべくもない。企業側に優秀なプロジェクトマネジャーを期待するのであれば、こちらにも負けないくらい優秀なプロジェクトマネジャーが必要である。創意工夫を期待するのであれば、こちらは同等以上にクリエイティブな姿勢でいる必要がある。良質なパートナーシップをめざすためには、まずは自らが変わるという意識が大切である。しかし、そこへの到達は簡単ではない。

9 おわりに

20歳を迎えるPFIは、関係者の尽力により立派に成長してきた。この節目に省みることは、PFIをさらに成長させるために必要なことだと思い、敢えて課題中心の私見を述べさせていただいた。官民連携という難しいテーマを内包したPFI/PPPであるが、もっと使いやすく、もっと有益なツールになってほしいと切に願う。

2-5 PPP/PFIの20年
法務・契約実務から見た現状と課題

髙橋 玲路 氏

アンダーソン・毛利・友常法律事務所 パートナー弁護士

【プロフィル】
アンダーソン・毛利・友常法律事務所　パートナー弁護士
PPP/PFI案件における国や公共団体のアドバイザーを多数務める
他、金融機関、スポンサーのアドバイザーとしても各種案件に関与。
その他、インフラ・ファイナンス、水道事業等各種公益事業に関す
る民活または民営化案件、各種ファンドの組成、海外プロジェクト
案件等に従事。

　民間資金等の活用による公共施設等の整備等の促進に関する法律（PFI法）施行
から20年が経過し、同法に基づく多数の案件が実施されただけでなく、PFI案件の
実施に触発され、PPP（Public Private Partnership）の多様なスキームが我が国で
も導入されてきた。この20年は、産業の実態や官民のありようの変化に合わせて、
社会・経済インフラの整備や運営における官民の役割分担が大きく変容した20年と
言える。

　法制度は社会の構成員の役割や行動を規制するものであり、この変容はPFI法の
制定、改正を通じて促されてきている。本稿では、PFI法制定、改正の主要なポイ
ントを振り返り、法務の観点からPFI法がもたらした意義を再確認するとともに、
今後の制度面の課題について検討してみたい。

■1 PFI法の制定と改正の経緯

①PFI法の制定

　1999年に制定されたPFI法は、23の条文からなる短い法律であり、かつ、その多
くはPFI事業を実施するための手続きを定めたものであった。しかし同時に、PFI
事業導入のため、国の債務負担行為の年限を財政法の原則である5年から30年に長
期化し、国がPFI事業を長期間の契約に基づくサービス対価を基礎として実施する

ことを可能とする制度改正が導入されている。

　この制度改正は、PFI法が定義する「公共施設等」（ほとんどすべてのインフラが対象になる）の整備、維持管理及び運営に民間企業を呼び込むための、「お金」の使い方の多様性を広げる意味があった。

　逆に言えば、PFI法制定前の公共セクターの「お金」の使い方は独特であり、民間と擦り合わせるのが難しかったと言える。

　すなわち、単年度予算主義のもと、国や自治体が締結できる契約の期間は1年が原則であり、財政支出を伴う長期の契約は極めて例外的な位置付けであり、PFI法導入以前の制度は、インフラの整備、運営の主体はあくまでも国や自治体であり、民間企業が単年の契約発注の範囲で、個別にモノやサービスを提供する、という役割分担を前提にしていた。

　PFI法の制定は、国や自治体が民間企業との間で長期の契約関係を結び、民間企業がより重要な役割を担うことを正面から認めた意義があると言える。

②合築方式や民間収益施設の設置

　2001年（第1次改正）及び2005年（第2次改正）に行われたPFI法の改正は、国及び自治体の「モノ」の使い方の多様性を広げるとともに、民間企業へのインセンティブを付与し、より投資価値のある事業を組成するための制度改正であった。

　これらの改正では、以下の制度が導入されている。

（a）国有財産法や地方自治法の特例として、PFI事業のための行政財産の貸し付けを可能とした。

（b）行政財産である土地において、公共施設と民間施設を合築により整備し、かつ民間施設部分の所有権と土地の賃借権を民間企業が保有すること、及び、当該民間施設を売却する際に行政財産である土地の賃借権の移転も併せて可能とした。

（c）行政財産である土地において、PFI事業の施設とは別に、関連する施設（「特定施設」と定義）を民間企業が独自に整備する際に、特定施設のための民間企業への土地の貸し付けを可能とした。

　この改正は、国や自治体が保有する財産の利用に係る制度としては大きな意義を

有している。

　我が国では、公法分野と私法分野の制度区分が厳格であり、行政目的で保有されている土地やその他の資産に対する使用は厳しく制限されている。

　国有財産法や地方自治法に基づくこの規制では、庁舎用地等、行政財産である土地を民間企業が使用するには、行政処分としての使用許可に基づく必要があった。この使用許可は、賃貸借といった民法上の使用権と異なり、財産性がないため権利保護は弱く、期間も1年更新が前提とされている。つまり、行政財産はあくまでも行政目的のための国または自治体自身による使用のみを想定し、それを阻害しない範囲でしか他の目的での使用を認めない、という制度設計になっている。

　これに対し、上記のPFI法の改正は、行政財産である土地において、民間企業に安定した使用権を付与することにより、PFI事業実施の基礎をより強固にするとともに、合築施設や特定施設の形をとって、公共施設と合わせた民間収益事業としての土地開発まで認めることを意味している。

③公共施設等運営権（いわゆるコンセッション方式）の導入

　PFI法の制定及び第2次改正までは、民間企業が国または自治体に施設の整備とその維持管理サービスを提供し、長期のサービス対価の支払を受ける、BTOやBOTのスキームを前提にした制度の整備であった。

　これに対し、2011年の第3次改正で導入された「公共施設等運営権」は、空港や水道といった公益サービスの事業において、民間事業者が一般利用者に直接サービスを提供し、独立採算で事業を実施する権利を付与するという意味で、PFI事業のスキームを大きく広げるものとなった。

　この公共施設等運営事業は、国または自治体が独占的に実施することが制度上前提とされていた公益サービス事業において、一定期間経営そのものを民間企業に移管することを認める制度である。

　我が国の公益サービス事業において、民間の事業一般に行われている合併や営業譲渡といった、事業主体の交代は制度上ほとんど想定されていない。その根底には、国や自治体が保有する資産や事業を管理する権能（公物管理権）は、国や自治体に本来的に備わっているものであり、代替可能性が原則としてない、という考え方

がある。例外的に、地方自治法の指定管理者制度が導入されているが、これも対象が限定的であって、前出の使用許可と同様に財産性がなく、料金設定が自治体の承認制である上、指定管理者が行える業務(特に改築更新)の範囲も不明確であった。

これに対し、公共施設等運営権の導入にあたっては、PFI法の基本方針において適用可能な事業範囲が明確に示され、かつ、空港(2013年)や水道(2019年)の事業分野では、特別法の制定や既存の法律の改正を通じて導入のための措置が積極的にとられている。

さらに、公共施設等運営権は「みなし物権」として財産権であることが明確にされ、事業の経営権の保有が権利として保護された上、料金設定は条例での一定の制約のもと届出制とされ、業務としても改築や更新投資まで可能であることが明確にされた。

この法改正により、民間企業が自ら料金設定と投資の経営判断を行うことを通じて、事業の収益性の向上やコストの効率化を促し、事業の持続性を高めるという、民間経営の中心的な機能を、PFI事業として公益サービスの事業に取り入れることが可能となった。

これは、国や自治体の「お金」や「モノ」の使い方の多様化よりさらに進んで、国や自治体が経営主体である事業に、民間企業が経営主体として参画することを意図した、「役割分担」の多様化まで制度化した点において、大きな意義を有している。

④その後の改正

PFI法は、その後、2013年(第4次改正)、2015年(第5次改正)及び2018年(第6次改正)に改正されているが、これらは主に公共施設等運営事業を推進するために行われたものである。

まず、第4次改正では、官民ファンドである株式会社民間資金等活用事業推進機構(「PFI推進機構」)が設置された。公共施設等運営事業を中心とした独立採算型のPFI事業に対し、PFI推進機構がリスクマネーを供給することにより、民間の投融資資金を呼び込むことが企図され、PFI事業をより規模の大きいインフラ事業へ拡大させていくことが役割として期待されている。

第5次改正では、公共施設等運営権の設定により公益サービス事業を民間に移管

するに際して、それまで同事業に従事していた公務員を、公共施設等運営権者に派遣するための制度が整備された（「人」の活用の多様化）。これにより、公共施設等運営事業のスムーズな立ち上げやノウハウの移転が可能になっている。

さらに、第6次改正では、水道事業に公共施設等運営事業を導入し、その運営権対価を財政投融資からの地方債の繰上償還に充当する場合に、補償金の支払を免除することを認めている。これは、運営権対価を地方財政の健全化に活用しやすくすることにより、水道事業への公共施設等運営事業の拡大を促すことを目的としている。

以上、大まかに改正内容を辿ったが、PFI法の制定・改正は、国や自治体を主体とし、発注者・受注者という民間企業との固定的な関係を前提にした従来のインフラ経営において、「お金」や「モノ」の使い方の多様化、さらに「役割分担」の多様化を実現した。特に、公共施設等運営権の導入は、主体の交代可能性まで含み、従来の行政領域における法制度の基本的な前提に対し、例外を正面から認める制度概念を導入している点で、法制度としても非常に深い意義を有している。

２ ガイドライン、モデル契約等の整備

PFI法に基づく事業の拡大には、前述の法改正だけでなく、運用レベルでの制度インフラが積極的に整備されたことも大きく寄与している。PFI法の施行以降、基本方針に始まり、各種ガイドラインの作成、改定が繰り返された他、ひな型契約の作成・公表、国や各自治体の実施した事業の実例の収集と公表など、PDCAサイクルが正しく回った結果、多くの案件創出に繋がっている。

このような制度インフラの整備体制において、所管官庁の職員、学識経験者のみならず、金融機関や事業会社等の事業の担い手、コンサルタント、会計士や弁護士等、案件を実際に手掛けるアドバイザーなども広く巻き込み、事例の蓄積と共有を重ねてきたことは非常に意義が深い。

この過程を経ることにより、仕組みや契約内容、制度運用の安定性、予測可能性が高まり、個別事業の質が上がるとともに、PFI事業への参入障壁を低くし、インフラ事業の経営といった新しい産業への企業の参入、民間ノウハウの導入まで実現できたと言える。

3 今後の課題

　以上の通り、PFI法とその運用において、制度の転換と実務の蓄積を両輪で行ってきたことがもっとも大きな成果と言えるだろう。20年にわたり、この制度が活用され続けているのも、この仕組みがしっかり回っていたからにほかならない。

　他方で、我が国のインフラは、更新投資需要への対応、社会の高度化に合わせた技術やサービスの向上といった、重要な課題を依然抱えている。この課題への対処として、民間企業の体力や技術力、環境変化や技術進歩への即応性といった、民間企業が持つ強みを社会に導入していく手段は、引き続き有効であろう。その意味で、民間企業を単なるモノやサービスの納入者ではなく、経営上の問題解決の担い手と位置付け、その能力を活用するため、法制度や契約の改善を通じた、事業実施環境の最適化を引き続き検討する必要がある。

　中でも、今後より拡大するであろう、公共施設等運営事業をはじめとする独立採算型のインフラ事業にPFI法の仕組みを適用するにあたり、今後の重要な課題として、例えば以下のものが考えられる。

①公共施設等運営事業のスキームの深化

（a）個別事業特性の正確な理解

　公共施設等運営事業は、各種公益サービス事業の需要リスクや料金収入リスクを民間企業が負担するスキームであり、基本的に既存事業の承継の形をとるため、個別事業の特性に応じた考え方の整理が重要である。その意味で、従来型の新規施設整備によるサービス購入型BTO事業と比べ、スキームや契約のひな型化は、かえって個別事業に不適合な仕組を導入してしまうリスクがあることに十分注意が必要である。

　例えば、潜在需要を開発し、収入のトップラインを引き上げることが可能な空港事業であれば、収益性の向上が見込める分、それに応じたリスク負担の許容度は高いと言える。これに対して、安定した収入が見込める一方で、今後緩やかに需要が減少し、かつ収益機会の向上余地が多くは見込めない上下水道事業であれば、相対的にリスク負担の許容度は小さくなる。他方で、空港には空港間競争が存在し、収

117

益の下振れリスクもあるのに対し、上下水道事業は基本的に地域独占事業であり、各種費用を踏まえた料金規制のもと、収益の下振れリスクは小さい。

　以上のように、個別事業の特性や市場環境、適用される規制を十分吟味し、民間企業にとって収益機会を求めてノウハウを投入する動機付けを正しく与える事業環境を作る必要がある。

　例えば、法令変更による事業の外部環境の変動リスクに対して、収益性の高い事業であれば、通常の企業が直面しているリスクとほぼ同等と言えるため、より広い法令変更リスクを民間負担とすることも十分合理的だろう。他方で、収益性が低く、限られた事業期間中の料金転嫁による費用回収が困難な事業の場合、法令変更リスクの受容性は相対的に低くなる。

　こういった検討は、例えば、契約書において「特定法令変更」をどう定義するか、といった点に現れるため、事業特性を理解しないまま先行事例の定義をそのまま採用すると、問題が生じることになる。

（b）リスクの負担者

　上記の収益性の議論と共通するが、公共施設等運営事業のリスク負担は、従来型のサービス購入型PFI事業とは異なる整理が必要である。すなわち、従来型PFIでのリスク負担者は、国・自治体か民間企業か、という二者択一であったのに対し、公共施設等運営事業では、これに加えて利用者というリスク負担者が存在する。

　実施契約において民間企業の負担とされたリスクであっても、当該リスクに伴うコストを利用料金の改定を通じて転嫁可能であるならば、最終的なリスク負担者は民間企業ではなく利用者となり、民間企業がリスクを一旦負担することは比較的容易である。

　したがって、利用料金の設定自由度と国・自治体と民間企業間のリスクの振り分けは、常にセットにして考えることが重要である。

　インフラ事業の料金設定には受益者負担の原則があり、例えば、外的環境の変化に伴う費用増加を利用料金に転嫁することは、この原則に適合的である。にもかかわらず、公共施設等運営事業において利用料金の上昇を過度に抑制してしまうと、民間企業が負担できないリスクが増え、国・自治体のリスク負担範囲が広がること

になる。この国・自治体によるリスク負担は、結果として一般会計(つまり納税者)による負担になる。

公共施設等運営事業のスキームを検討するにあたり、国・自治体は、リスクを料金規制を通じた受益者による負担とするのか、一般会計からの支出という納税者による負担とするのか、という観点から、契約上の仕組み全体を評価することを十分念頭に置いておく必要がある。

②不可抗力リスク発生時の対応

インフラ事業は大規模な構造物、設備の存在を前提にする事業であるため、事業の規模や資産内容、事業の実施エリアを状況に合わせて柔軟に変化させていくことが難しい。このようなインフラ事業の性格上、公共施設等運営事業をはじめとする独立採算型PFI事業では、「続ける必要」と「やめる判断」のバランスが非常に重要となる。前者はインフラ事業の公益的性格に伴う事業継続の必要性に関連し、後者は民間事業者にとっての事業継続判断の自由度に関連する。

昨今規模の大きい自然災害が多発している状況下、特に不可抗力発生時のリスク分担において、このバランスが問題となる。

対象事業がインフラである以上、災害時にこそサービス提供は止まってはならない。これは民間企業が事業の実施主体となった場合でも基本的に変わりはない。ただし他方で、その災害の影響が一定限度を超えた場合、もはや民間企業が行い得る独立採算型事業としては継続不可能と判断しなければならない。このような場合には、リスクやコストについて耐性の強い(気にしなくて良い)国や自治体が主体的な役割を担う必要があるだろう。

事業リスクを民間に移転するのが独立採算型事業の基本であるが、それはあくまで民間ビジネスとして通常選択できる手段が確保されていることが前提である。インフラ事業の継続性を強調するあまり、甚大な災害に対して民間企業に無理に事業継続のリスクを負担させてしまうと、そもそもそれは民間企業では担えない事業条件になってしまう。

したがって、民間企業がノウハウを活用する動機付けを十分意識しつつ、国・自治体の財政支出による負担だけでなく、事業期間、料金転嫁の可否や頻度、事業期

間の延長オプション等、様々な仕組みを一体として理解し、事業適性に応じたリスク分担の在り方を検討することが重要である。

このように、独立採算型事業のリスク分担は事業特性を踏まえる必要があるため、ハコモノのような標準化は採りにくい。既存事業を承継する形で実施されることが多い公共施設等運営事業では、事業の個別性が非常に高いということも併せて認識する必要がある。したがって、ひな型化を検討するのではなく、典型的な論点について、どのような考え方をとるべきなのかをマーケットで適切に蓄積し、論点ベースで類型化していくことが今後課題になる。

なお、リスクの負担は契約の内容のみで行うわけではないことにも注意がいる。その産業そのものに地域的広がりがあり、規模も大きいマーケットになれば、地域分散の形で民間企業が不可抗力リスクを負担できる余地は広がる可能性がある。また、マーケットの拡大により参画者が多様化し、参画企業の規模拡大や技術力向上を促すことにより、不可抗力リスクへの耐性が強い複数の民間企業を生み出すことも可能であろう。

その意味では、いかにマーケットを広げ、どのような民間企業を成長させていくか、という産業全体のデザインとしてPFI事業を考えることも、不可抗力リスクへの対処として重要な方法になると言える。ここで重要なのは、民間企業にとって当該領域に入って事業活動を行う動機付けとなるのは、それに適した環境が用意されていること、という点である。制度が整っていないマーケットには出にくい、というのは、海外市場であっても、国内の新規事業分野であっても同様であり、良いプレーヤーを多く集めるための環境整備として、適切なリスク分担や、民間企業から見て、契約終了の選択肢も含めた経営の自由度がどこまで確保されているか、ということは極めて重要である。

国や自治体の側から見れば、今後のインフラ事業の課題を解決する力のある民間企業を引き付けるため、契約条件等を通じてどのような事業環境を用意できるか、産業間及び自治体間での競争が生じていることを意識する必要がある。

③広域の自治体経営パートナーシップへの展望

PFI法改正の経緯が示す通り、地域の公益サービス、インフラ事業において、民

間企業の役割はより中核的なものへ広がっている。

　今後の社会が抱える課題への、より効果的な手段として、自治体と民間企業の長期のパートナーシップによる、インフラ事業の高度化が考えられる。例えば、インフラ分野での社会実験的な技術導入を官民が共同して行い、その成果をそのまま事業化していくといった展開が考えられ、このようなケースでは、個別具体の事業実施というよりは、民間企業を自治体経営のパートナーと捉えることになる。

　我が国の公共調達規制に基づく自治体の契約手続きでは、このようなより広いパートナーシップを長期契約により構築することが、制度的に想定されていない。公共調達規制は、自治体の個別の支出行為を適正化するための制度であり、支出単位での契約手続きを対象とするため、一旦社会実験的な共同事業を官民で行ったとしても、その成果を踏まえた事業化の段階で、再度入札手続きが要求されることになってしまう。このため、事業化の段階での成果獲得をあらかじめ約束できず、官民のより広いパートナーシップを効果的に成立させることができなくなっている。

　また、例えば、上下水道事業では、事業の広域化が重要な課題となっているが、ある自治体で公共施設等運営事業により民間企業が新しいサービスや技術を導入したとしても、それを周辺自治体に展開することが当然に可能となっていない。しかし、事業の広域化は、同一水準の技術導入により効率化が見込める以上、個々の自治体が個別に事業者選定を行うことは非効率であり、また現実的でもない。

　現状、料金格差などの問題から、一部事務組合の設立といった、自治体側での事業の広域化が容易ではないことを考えると、同一の民間企業が隣接する自治体のサービス実施主体となり、事実上の広域化を実現することも重要な手法ではないだろうか。公平性や競争性といった公共調達の原則に対して、どのような形で説明責任を果たしていくのか、という点との整合性が課題となるものの、インフラ事業の広域展開レベルでのパートナーシップ構築方法について、公共調達規制での制度的な整理を改めて試みる必要性は高いと思われる。

④主体の交代に関する制度整備

　公共施設等運営事業を実施する場合、民間企業の破綻時のリスクがしばしば懸念点として挙げられる。前述した通り、マーケットの拡大、成熟により代替可能な民

間企業を増やすことを通じて、このリスクに対応することが重要であるが、最終的な安全装置として、スムーズな国・自治体への事業の復帰も重要な課題である。

この課題については、例えば、国や自治体が行う公益サービス事業について、会社法に基づく会社分割のような、包括承継の制度を設けることも検討に値すると思われる。公務員と非公務員といった職制の相違、公会計と企業会計、公有財産規制等、民間企業間での組織再編とは異なる問題があり、制度設計として容易ではないだろう。しかし、公益サービスにおける官民の役割分担の多様化が今後も重要であることを考えれば、これまでのPFI法改正の延長として、官民を超えた組織再編制度も、公法と私法の区分を乗り越える一つのテーマと考えても良いのではないだろうか。

■4 おわりに

PFI法改正の変遷を見るにつけ、そこで議論され、探求されたのは「官か民か」という二者択一の議論ではない。成熟し、高度化した社会ニーズに応えつつ、人口減少や財政難、既存インフラの大量更新需要への対応といった、社会の変化や課題に対し、社会を構成する多様な主体が持つ資源や能力をどこにどう振り向けるべきかという、処方箋の模索が繰り返された過程と言える。

持続可能性、環境、社会的責任といったキーワードがビジネスの世界でも重要な要素になっているが、これは民間企業が社会において果たす役割や存在が、少なくとも20年前よりはずっと重く、かつ大きくなっていることの表れとも言える。

我が国の公法と私法の厳格な区分は、比較的官と民の領分が明確であることを前提とした制度設計であったが、この区分を組み替えているという意味で、PFI法により整備された各種制度は、法務の面から見ても実は非常に大きな意義を持っている。

PFI法改正の経緯は、インフラ全体が抱えた課題への対応策の変遷の鏡であり、改正が繰り返されたこと自体、課題の難しさとその回答の多様性を示している。このことは、その鏡が今後の社会を照らす鏡となるよう、引き続き模索が必要であることを物語っていると言えよう。

2-6 英国PPP/PFIの展開 そして現在

難波 悠 氏

東洋大学大学院 教授

【プロフィル】
東洋大学大学院教授。東洋大学大学院経済学研究科公民連携専攻修
了。建設系の専門紙記者、東洋大学PPP研究センターシニアスタッ
フ及び同大学大学院非常勤講師・准教授を経て、2020年より現職。

　2018年秋、イギリスは新規のPFI廃止を宣言した。イギリスのPFIは、サッチャー
政権以降の行財政改革、EU統合の流れの中で始まり、日本をはじめ多くの国々での（特に社会インフラ整備のための）PPPに影響を与えた。イギリスを参考にPFIを採用した日本では、異なる市場環境や社会情勢を受けて、PPP/PFIが独自の発展を遂げている。PFI廃止後のイギリスPPPの現状を見ながら、PFI法施行から20年を過ぎた我が国のPPPを考えるきっかけとしたい。

　※本稿で紹介する情報は、2019年8月に東洋大学大学院公民連携専攻で実施した
　　現地調査に基づく。ただし、職位に関しては現時点のものである。

1 PFI

①PFIの始まりと拡大

　日本のPFI（Private Finance Initiative）の基となったイギリスでは、1992年に
PFIの導入が公表された。

　それ以前は、サッチャー政権下で順次行政機関のスリム化や国営事業の民営化、外注化、エージェンシー化が進められていた。この頃には、日本の「市場化テスト」の基となったCCT（強制競争入札）といった官民競争入札の仕組みも導入され、公共サービスに対して市場原理を導入することによる効率化の取組が強権的に進められた。CCTは、行政のコスト意識向上や行政サービスコストの計算などのメリットをもたらしたものの、コスト重視による品質の低下、公共サービスの地域格差等の弊害も生んだ。

1990年に政権に就いたメージャー首相が1991年に行政サービス改善のための基本原則等を定めた市民憲章の中でVFMという考え方を示し、これを受けて公共事業の事前評価のガイダンス資料にVFMを用いた評価の考え方が明記され、これがPFIのプロジェクト検討手法として採用されることとなる。

イギリスにとって、PFI導入のもう一つの大きな動機は、オフバランス化であった。欧州統合・通貨統合の流れの中で、厳しい財政基準を満たすことを迫られ、インフラ整備のための借金をできるだけ財政上で見えないようにしたい、という必要性に直面していた。イギリスには、「PFI法」のような法律はなく、民間資金を活用するための仕組みを指す。法律で厳格に制度を規定せず、プログラムやスキームを標準的に設定して行っているため、社会経済環境の変化や政権交代、行財政ニーズの変化に応じて、見直しも頻繁に行われることになる。

1994年には、「ユニバーサルテスティング」によって、新規の投資予算計上の前にPFIの適用可否を判断することを義務付けたものの、導入は進まなかった。

労働党のブレア首相が1997年に政権を取ったことがPFIの転換点となる。ブレア

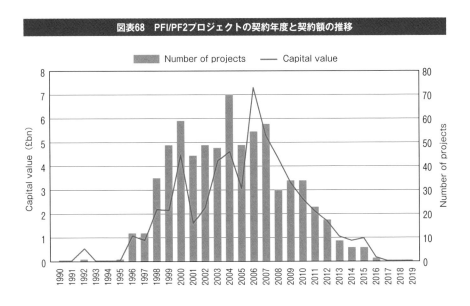

図表68　PFI/PF2プロジェクトの契約年度と契約額の推移

出所：英国財務省。Private Finance Initiative and Private Finance 2 projects: 2018 summary data

首相は、PFI以外の官民連携の概念として、Public Private Partnershipを提唱。また、CCTやVFMというコスト重視が公共サービスの質低下を招いているとして、「ベストバリュー」の考え方も導入した。

　労働党政権が実施した「ベイツレビュー」と呼ばれるPFIの見直しでは、PFIの普及には推進のための組織体制整備、プロセスの改善、教訓の蓄積、入札コストの最小化等が必要だとした。PFI事業への補助金「PFIクレジット」も導入され、PFI導入のインセンティブが強まった。これにより、年数件しかなかったPFIが、年50件近くまで伸びることとなる。

　イギリスで本格的にPFIが普及し始めた1997年と、日本にPFIが導入された1999年との差はわずか2年しかなく、イギリスにも経験が浅い事柄も多く存在する。例えば、2023年のある特定日に6件の道路PFIが同時に契約満了を迎える。当初契約満了後の契約や引き継ぎの在り方が十分に検討されないまま契約が締結されてしまった結果である。

　なお、当時打ち出された「ベストバリュー」は単なる概念ではなく、地方自治体の公共サービスの成果を定量評価し、自治体の格付けや監査、業務改善の仕組みに活用された。サッチャー政権以降の行革の流れの中で、VFM、ベストバリューと少しずつ手法を変えながら、公共サービスの効果の定量化が長年行われた。それが後のPbR（Payment by Results：成果連動支払）やSIB（ソーシャルインパクトボンド）等の取組へと昇華した。イギリスで世界に先駆けてSIBが発行されたのも、こういった背景を鑑みれば不思議ではない。

②PFIからPF2、廃止

　急速な拡大による弊害も現れた。2000年代後半になると、PFIが多用されてきた各地のNHS（国民保健サービス）病院が相次いで苦境に陥ったことや、PFI病院や学校での運営上の問題が明るみに出たことで、反対の世論に火がついた。国会やNAO（会計検査院）からも、オフバランス化された隠れ債務の増大や、運営中プロジェクトが高コストであることが問題視され、段階的な改善策がとられることとなった。例えば、全PFI事業債務の評価と公表、準備段階にあるプロジェクトの情報公開、運用段階のPFI事業の再交渉によるコスト削減、PFIクレジットの廃止な

どだ。

　さらなるPFI改善策として、2012年にPF2を発表。PF2の最大の特徴は、プロジェクトのSPCへ政府が出資をする点だ。政府が出資者となることで、透明性の向上が期待された。この他にも、配膳や清掃、警備などの「ソフトサービス」を長期の契約から除外し、ファシリティマネジメントのみを対象とすること、長期保有を前提とした出資者を競争によって選ぶ手法を取り入れること等が改善策としてとられた。しかし、PF2は広まらなかった（図表68）。

　2018年秋にハモンド財相は「今後、新規のPFI/PF2を行わない」と宣言した。NAOが同年春に発表した報告書で「PFIにVFMがあったという明確な証拠がない」としたことに加え、紆余曲折を経て工事が進んでいたミッドランドメトロポリタン病院の事業者であった大手ゼネコンのカリリオン社が倒産したことが、最終的にPFI廃止への引き金を引いた。

　PFIの推進を担ってきたIPA（Infrastructure and Projects Authority）の担当者は、PFIの取組が実務ばかりを重視して、PFIの肝であるはずのリスク分担の根拠となるデータの蓄積や事業評価をないがしろにし、「エビデンスが構築されてこなかったこと」をしきりに悔いていた。NAOからの指摘に対して反論する材料を持てなかったことへの反省からきているのだろう。

③PFIの推進組織

　こういった流れや社会情勢の変化を受けて、PFIの推進組織も柔軟に形を変えてきている（図表69）。

　2000年にPFIの導入可能性調査等の支援を発注機関に対して行うPUK（Partnerships UK）が設立された。財務省が49％、民間が51％を出資した「民間会社」であり、民間の意思決定、採用や給与体系等も可能であった。発注機関に対するコンサルティングやプロジェクトの準備支援を有償で実施した。また、コンサルタントなどの、個別企業に散逸してしまいがちなPFIの知識を、国として蓄えて共有する場ともなった。PUKの主な仕事は、プロジェクトの準備を一定水準で行えるようにするためのガイダンスや標準書類の作成であった。というのも、イギリス国内では公共工事の発注、施工に問題が多く、PFI導入当時の公共工事の実に7

割が工期遅延や予算超過に陥っていた。標準化や事業の事前評価手順（ビジネスケース作成）を定めることにより、2007年には予算、工期を超過する案件の割合は3割程度まで減少した。

また、地方自治体協議会が4Ps（Public Private Partnerships Programme）を設置した。4Psは、イングランドとウェールズの地方政府に対してPFI導入支援を行う組織である。4Psは自治体向けに各種ガイダンス書類の作成、競争的対話等の手続きの解説、コンサルティング、ビジネスケース作成等様々な支援を行っている。2009年に4PsはPUKの地方公共サービス部門と統合されて自治体向けのPPP/PFI窓口が統一され、名称もLocal Partnershipsと改められた。その後、PUKが財務省内部組織のIUK（Infrastructure UK）となったことで、PUK出資分は財務省の出資となった。

2010年にPUKは財務省の内部の組織として改組され、IUKとなって専門職の公務員となった。改組の目的の一つは、PUKが培ったPFIによる効率的なプロジェクト準備、公共工事の実施の仕組みを他のインフラ開発事業へ広めることである。公共工事に占めるPFIの割合は十数％であり、いかにPFIで工事が順調に進んだとしても、残りの9割近い工事では相変わらず予算、工期超過が蔓延していた。また、

図表69　PFI推進組織の変遷

Partnerships UK　（民間組織）	2000-2010年
事業化手順の明確化、書類等の標準化。有償のコンサルティング、アドバイス。	
Infrastructure UK　（財務省）	2010-2015年
PFIの成果を他の公共事業へ展開。公的機関へのアドバイス。長期インフラ計画。	
Infrastructure and Projects Authority （財務省、内閣府）	2016年-現在
インフラの成果を非インフラ案件へ。建設業の生産性向上。	

出所：筆者作成

国内のインフラ長期計画も担当するようになる。2012年にイギリスで初めて長期的なインフラ開発計画を策定する役割を担った。

その名が示す通り、PPP開発のためのユニットとして始まったPUKが、従来型公共工事を含むインフラ全般の開発を支援するIUKへと変化したのだ。

IUKは、2016年に政府内のインフラ以外の主要案件の監督管理を行っていた内閣府所管のMPA（Major Projects Authority）と統合され、IPAへと再度衣替えされた。IPAは財務省と内閣府の共同所管となった。MPAが実施していた「主要案件」とは、民営化や行政組織改編・統廃合、行政手続きのIT化など、インフラ整備以外で国にとって重要なものを指す。統合の目的は、インフラを伴わない案件に対し、インフラ事業で培った標準化や検討手順、契約によるガバナンスなどの効果を波及させようとするものだ。さらに、これまでのインプット重視型のインフラ整備ではなく、インフラの成果に着目しようという動きも活発化している。現在取り組んでいるプログラムの一つに、Transforming Infrastructure Performanceがある。これは過去数十年間の建設業界の生産性が他産業から取り残されているという問題意識をもとに、イギリス国内の産業の生産性、競争力を高めるためには、建設産業の生産性向上が不可欠であるという認識から、インフラのパフォーマンスを向上させるための整備手法、優先順位の付け方、BIM（Building Information Modeling）等の利用拡大、新しい公共サービス提供の方法などを検討することを目的としたもので、現在インフラのベンチマーキング作業が行われている。

２ 「PPP」の展開

①HubとMIM

PFIが廃止されても、スコットランド、ウェールズ、北アイルランド各地ではPPP手法が継続されている。各地でそれぞれPPPが発展していることで、中央政府やイングランドでの新規PFI事業がなくなっても、民間事業者のPPPへの参入意欲は衰えていない。

スコットランドでは、2000年代後半にPFIに対する逆風が吹き始めたのと同時期に、地方分権化の流れの中で新しいPPP手法の検討が進められた。スコットランド政府が100％出資するSFT（Scottish Futures Trust）は、PPP等の新しいインフラ

資金調達等を検討する組織で、2010年にNPD model（Non-profit distributing）と
Hubの二手法を導入した。

Hubと呼ばれる手法は、診療所や学校をバンドリングしてPFIを導入するLIFT
（Local Improvement Finance Trust）と呼ばれる手法を参考に、対象施設を広げ、
広域的に自治体や保健機構に対してプロジェクトの実行支援を行う仕組みだ。対象
となる分野は、図書館や庁舎などを含む公共施設やコミュニティ施設、診療所等の
保健施設や福祉施設で、大規模施設やインフラは含まない。スコットランドを大き
く5分割して展開している。

Hubではまず、選定された事業者とプログラムに参加する自治体や保健機構等の
公的機関、SFTが共同出資でHub会社を立ち上げる。Hub会社は20年間（5年の延
長オプション付き）の「地域パートナリング合意」を結ぶ。この合意に基づき、
Hub会社は参加発注機関の依頼を受けて、プロジェクトの上流支援（実現可能性調
査、ビジネスケースの作成、入札図書、契約書ひな型の作成、事業者選定支援等）
を行う。さらに、発注機関が望む場合には「DBDA合意（設計・施工）」を結んで、
設計・施工者を選定して工事完了までの責任を負ったり、「DBFM合意（設計・施
行・資金調達・維持管理）」を結んでPPP事業の事業用子会社をつくり事業主体と

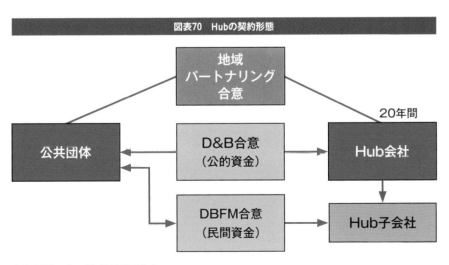

図表70　Hubの契約形態

出所：SFTヒアリング資料より筆者作成

なったりする。いずれの場合でも、Hub会社は自ら設計・施工を行わず、地元企業を活用する（図表70）。

　Hubの目的は、経験の少ない小規模自治体や発注機関を支援することと、「共同計画・実施（Joint service planning and delivery）」を推進することによる公共サービスの利便性向上と資産合理化だ（図表71）。技術者不足や経験不足に悩む自治体に対しては、Hub会社がノウハウを補完し支援する。さらに、共同計画・実施では、ある発注者から相談が持ち込まれた際に、他の発注者との施設の複合化や共同利用、余剰資産の活用を提案する。これにより、自治体の圏域や省庁の縦割りを超えた合理的な資産の活用が期待できるようになり、民間も単なる施設整備の支援だけでなく、不動産活用のノウハウなど創意工夫の余地が広がる。ただし、Hub会社に対して公的機関が合計40％出資していたため、EUから公共のオンバランスシートとして扱うべきだと指摘された。SFTと発注機関の出資比率を下げ、新たに設立したチャリティー団体による出資を行う仕組みを考案したが、2019年に今後はウェールズのMIM（Mutual Investment Model）モデルを採用すると発表した。

　ウェールズのMIMは、スコットランドのNPDとHubを参考にしながらも、公的機関の出資割合を下げ、オフバランス化できることを確認しているモデルだ。これ

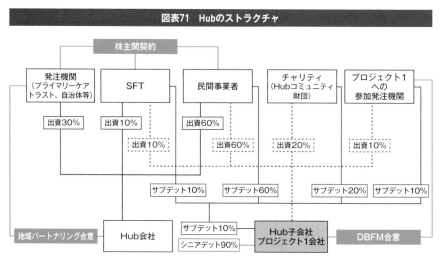

図表71　Hubのストラクチャ

出所：SFTヒアリング資料より筆者作成

までに道路、病院、教育施設の3つのプログラムを発表しており、道路と病院は
NPD、教育施設はHubに類似した形態をとる。学校や小規模コミュニティ施設を
主な対象とするMIMでは、官民出資会社が10年間のパートナリング合意を結び、
ウェールズ全域のプロジェクトを手掛ける。基本的なプロジェクトの実施方法は
Hubと同じである。

　MIMのもう一つの特徴は、事業の中で達成すべき社会経済的なアウトカム目標
を達成させる仕組みを取り入れた点だ。例えば、長期失業者対策や若年層の雇用促
進、地域内でのサプライチェーンの構築・維持等が項目として定められており、こ
れらについて競争的対話の中で民間事業者から数値目標を提案してもらう。数値目
標は金銭価値に換算されており、実施段階で達成できなければ、この価格が支払か
ら減額される。

②NPD

　スコットランドでHubと同時期に導入された手法に、NPD modelがある。高速
道路や救急病院等の大型案件を対象としたもので、基本的なプロジェクトのストラ
クチャはPFIと類似している（図表72）。ただし、NPDでは①出資に配当がつかな
い、②投資家の利益に上限を設定する、③剰余利益は発注者に帰属する、という特
徴がある。イギリス国内の多くのPFIでは、建設や設計を行わないスポンサー企業
が出資のみによって大きな利益を得ることへの批判や、建設工事完了後に借り換え
を行うことで棚ぼた的な利益を得ており、それが公共に還元されていないという批
判があり、中央政府のPF2にも繋がった。

　そのため、NPDでは民間事業者の選定時に期待する利益率を表明させ、それを
民間事業者の利益の上限とする。この上限を超える利益は、公共に還元される。ま
た、SPCの取締役会に対して、SFTが公益監督者（Public Interest Director）を派
遣し、SPCが公益に反するような決定をしようとする場合には、拒否権を行使でき
る。

　公共による「管理強化」は、市場からの反発も予想されたが、比較的好意的に受
け止められた。従来のPFI事業で大きな利益を要求するのは投資家だが、投資家は
リスクを設計会社や建設会社等へパススルーしており、実際にはリスクを負担して

いなかった。利益の上限を設定したことによって、SPCのリスク負担の可否や負担の方法が官民間でより精緻に話し合われるようになり、事業者としては「十分な」利益を確保することができているという。

🖪 まちづくりの資金調達

①TIF

　スコットランドでは、2010年にTIF（Tax Increment Financing）が法制化され、2011年度からパイロット事業として導入された。2012年にイングランドでも制度化された。イギリスにおけるTIFの大枠の考え方は、アメリカのそれと類似している。つまり、荒廃した地域等の都市再生のために必要なインフラ等の整備資金を、開発により将来期待される税収の増加分で支払うというものだ。ただ、イギリスでは地方債発行による民間からの資金調達ではなく、公共事業資金貸付協会（PWLB）からの借り入れの返済原資に、従来スコットランド政府が徴収して地方への交付金の財源として分配している非居住用資産税を充てることを可能にした仕組みとなって

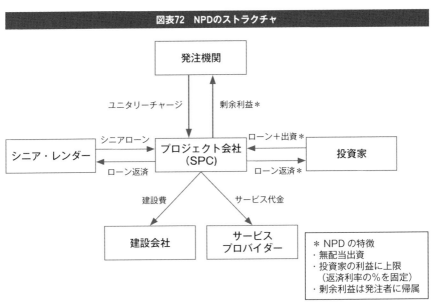

図表72　NPDのストラクチャ

出所：SFTヒアリング資料より筆者作成

いる。

　TIFを設定した場合、自治体はTIF区域からの非居住用資産税の増加分を、自ら
の税収として留保して返済に充てる。TIFの設定期間は25年。また、駐車場の利用
料金等を返済財源として追加することもできる。制度上、TIF期間中に完済できな
い場合については定められていないことから、他の収入を加えることで返済させる
ことになると推察される。

　自治体は、TIF区域設定のビジネスケースの中で、TIF以外の手法では開発が困
難であること（but-forテスト）、インフラの必要性やその費用、TIF期間中に税収
の増加分で借り入れを返済できることを立証し、スコットランド政府からの承認を
得る。完済までは税収増加額の全額を返済に充て、完済後もTIF期間が残っていれ
ば、その間は税収増加分の半分を自治体が自らの収入とすることができる。一方、
TIF外の地域からの企業のTIF区域内への移転など、TIF外地域に与える負の影響
があり得ることを見込んで、実際の税収増加額から、一定割合（2～3割程度）は
TIF以外の自治体に分配される。これにより、TIFを持たない自治体への不公平感
を緩和していると考えられる。

②GAM

　TIFに類似してスコットランドで新たに始まった取組に、GAM（Growth
Accelerator Model）と呼ばれる手法がある。スコットランド政府が地方自治体へ
支払うインフラ整備の交付金に、PbRの考え方を採用した仕組みだ（図表73）。

　戦略的に重要な地域で、公共投資などの遅れが原因で開発が進んでいない場合、
民間が公共に成り代わってインフラの整備を行い、インフラの完成後、民間は地方
自治体から支払いを受ける。自治体は公的金融機関からの借り入れでこれを賄う。
この返済原資をスコットランド政府から25年間に分けて交付金として受け取る際、
あらかじめ設定された複数の指標を満たすことが求められる。

　TIFが非居住用資産税の増加という経済面のみに着目しているのに対して、
GAMではそれ以外の社会的な効果もターゲットとして定める。また、GAM周辺地
区の非居住用資産税の増加にも着目している。これは、TIFでdisplacementを考慮
しているのと同様、GAM区域周辺での負の影響の可能性を織り込んだ上で、自治

体に周辺地域での地盤沈下が起こらないようなまちづくりに力を入れることを求めるものと考えられる。

　GAMが初めて導入されたのは、エジンバラ市中心部で進められている商業開発「エジンバラセントジェームス」という案件だ。古く荒廃した商業施設を民間が再開発するにあたって、民間事業者に周辺の街路整備や歩行者空間改善、バリアフリー化、トラム延伸のためのラウンドアバウト改良や停留所スペースの整備等を行ってもらう。インフラの整備費用は総額で6,140万ポンドと見込まれている。

　施設が完成、引き渡しされ、商業施設のテナント入居率が3分の2以上となれば、エジンバラ市は費用を民間事業者に支払う。スコットランド政府から交付金を受けるために、エジンバラ市が満たさなければいけない指標は3つある。

（a）GAM区域内での商業やレジャー固定資産の課税標準額の上昇（この指標を満たすことで年間支払の55％を受けられる）

（b）GAM周辺地区における非居住用資産税の課税標準（総額）の上昇（同25％）

（c）長期失業者や社会的弱者等の雇用と職業訓練（同20％）

　この案件で注目すべき点は、民間事業者の商業開発やインフラ整備とは直接的な

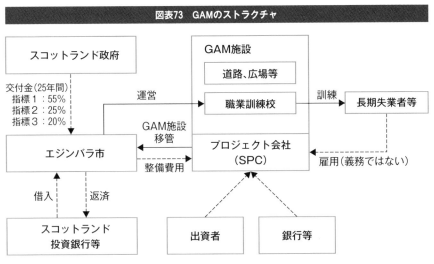

図表73　GAMのストラクチャ

出所：筆者作成

関係が薄い（c）の指標だ。本商業開発は非常に大規模なため、計2,500人の従業員数、新規の雇用数も千人単位になると見込まれている。そこで、商業・ホスピタリティ産業をはじめとした人材育成のための施設を民設公営で設置する。GAM区域内の事業者のニーズと職業訓練の内容を関連付け、事業者、参加者にとっても有益な形を作ることで、自治体の目標達成が容易になる。

　この他にも、まちづくりに民間資金を活かす仕組みは複数ある。日本でも公有地活用手法として期待されているものとして、LABV（Local Asset Backed Vehicle）がある。複数の公有地をまとめて公的主体が現物出資し、民間事業者がその資産相当額を現金で出資してインフラ整備や施設整備を行い、土地、建物の売却益を官民で折半する。LABVを用いることで、官は資金が不足していても都市再生事業などに着手することができ、また、開発による利益を受け取ることができる。通常、公共が出資する敷地は複数の市場価値の異なる敷地を含んでいたり、市域全体、場合によっては、市域を超える広域な範囲を含んでいたりするケースもある。こういった複数の敷地や広域の公有地を使うことで、資金プールを作り、開発のための資金を循環させるというのが一つの狙いだろう。

　ただ、イギリス初の事例として紹介されているクロイドンのLABVは、クロイドン中心部の遅れていた開発の起爆剤となったことは間違いないものの、当初想定した市役所建設費用を捻出できず借り入れを行ったとの報道もあり、その後、市議会の与党が変わったことで解散した。他の地域でも政治的な理由で解散されたLABVもある一方で、リバプールのように広域にLABVを活用している事例もあり、その効果の評価は難しい。

4　日本のPFIのこれからへの期待

①小規模事業への第2のアプローチ

　イギリスでは小中学校などの小さな規模のプロジェクトは、バンドリングによりPFIが進められた。日本においてもバンドリングという考え方は紹介されたものの、複数学校の空調整備や耐震改修PFIで採用された程度で広まらなかった。この理由は、イギリスでは複数の小規模プロジェクトをバンドリングしたBSF（学校）やLIFT（診療所）といった「プログラム」として仕組み化されたのに対して、日本で

135

はあくまでも各発注機関が発注規模、発注の仕方を決定する形になっていたことだろう。自治体は、税金をもっとも有効に使うことができる効率的な発注を求められているのと同時に、地域の産業振興も担う立場にある。これを両立させようと思えば、個別に発注し、その一件ずつで効率化をめざす形となってしまうのも致し方ない。そのため、日本では、PPP/PFIの理解促進、他業種とのネットワーキング等によって、地元企業のボトムアップを図るべく「地域プラットフォーム」が展開されている。これにより、地元企業主体の案件も生まれており、日本独自の仕組みとして評価されて良い。

　一方で、イギリスでは地元の企業では不足しがちなPPPのコンソーシアム組成や資金調達、長期にわたる契約管理事務、プロジェクト管理などはHub会社が担い、設計や建設、維持管理など地元の事業者が対応可能な部分は地元が担う形をとった。小規模自治体においても、不足する知識や経験をHub会社に補ってもらうことができる。地域プラットフォームでPPPの考え方を広める意義は大きいが、すべての案件がプラットフォームでの検討に適するわけではない。地元の自治体、企業に足りないノウハウを補いながら、地元企業を活用できる方策として、Hubのような新しい仕組みを検討する価値は高いだろう。加えて、Hubの共同計画・実施のコンセプトは、インフラの老朽化、人口減少や財政制約によって保有資産の圧縮が求められている日本にとって参考となる手法だろう。特に、連携中枢都市のような広域連携の枠組みと合わせて導入されれば、高い効果が期待できる。技術者不足の自治体へノウハウを提供するだけでなく、人材交流、育成の場としても有用だろう。

②規律ある金融

　スコットランドにおけるTIFやGAMの仕組みは、政府と自治体との関係において、自治体に事業予測や成果への責任を持たせるもので、民間からの資金調達を行うアメリカ版のTIFよりも日本へ応用しやすいと考えられる。例えば、地方公共団体金融機構等からの借り入れの返済や、補助事業に対する補助割合の算定などに応用すれば、不要なインフラや過剰な規模・内容の施設が抑制される効果も期待できよう。社会資本整備交付金や地方創生関連の交付金などで「国費率」を一定とするのではなく、交付金の一部を成果に応じた支払とする仕組みや、交付金の割合に幅

を持たせる仕組みなどを検討することも考えられる。地域版総合戦略等では、KPIの設定やPDCAの仕組みの導入を推進しているが、GAMのようなPbRの仕組みを導入することで、現実性のあるKPIの設定や地方創生の取組が増えるのではないだろうか。

③FinancingとFunding

　イギリスやオーストラリアでは、施設整備費用を賄うための資金調達（Financing）と施設の運営が始まった後の資金回収（Funding）の手法は異なるものであり、明確に区分され、それぞれでもっとも適した手法を検討することを求めている。これまで、国内の自治体では初期投資の工面の仕方ばかりが注目され、独立採算型の事業を除いては、資金回収の手法や回収できる資金の額等は十分に検討されてきていない。まちづくりや公共施設、インフラ整備のための資金回収手法の検討を義務付けるなど自治体に対して施設の必要性、施設規模と内容、整備手法の再考を促すことになろう。また、資金回収の考え方についてもPPP/PFIで独立採算型ではなくとも事前に検討することを求めることで、初期の契約が終わった後のPFI案件における第2期の運営手法の在り方等を検討することにも繋がるだろう。

④民間の活躍を促す入札契約制度

　いまさら紹介するまでもなく、イギリスでは事業者選定の際に競争的対話と呼ばれる手法が採用され、官民間で意見が交わされる。調達の枠組みの中で仕様やリスク分担等について対話することができれば、より良い事業提案に繋がる。

　Hub会社が政府と結ぶ20年間に及ぶ契約は「地域戦略的パートナリング合意」と呼ばれる。パートナリング合意は、工事単位、複数の事業をまとめたプログラム単位、複数のプログラムや長期間の戦略単位で結ばれる。当初の想定よりも成果が上がった場合や損失が出た場合に、発注者と受注者の間で分担し合う仕組みも取り入れられる。Hubでは排他的な受注権を一部に限定しつつ長期の契約を結ぶことによって、Hub会社は長期的な視点で施設整備の在り方、地元企業のサプライチェーン管理等を考慮する必要性が出てくる。Hubのパートナリングは、公共目的を達成する動機を民間事業者側にも持たせる仕組みとも言える。

日本のPPP/PFIは、公共調達、民間の創意工夫を誘発する契約形態といった形では発展してこなかったが、官が定めた契約で一方的に民を縛るのではなく、官と民が長期的に協力してより良い地域の在り方を考えたり、便益を互いに享受し合ったりできる契約手法の在り方を考えることも必要ではないだろうか。

⑤PPPユニット、学術機関、監査

　イギリスでは、PFIについてのデータ収集や情報公開が不足しており、NAOや国会からの指摘に対しても、反証の手段がなかった。VFMの検討時にも、案件ごとに「合宿」のような形でリスクの分担割合を検証するなど、原始的な手法が採用されることもあるらしい。日本でもデータの収集による「エビデンス」の構築、情報公開が必要だろう。

　併せて、データ整備のみならず、検討の経緯や検証結果等を蓄積し、公表することも必要だろう。この点では、オーストラリアの情報公開が非常に進んでおり、様々な検討プロセス、手続きの正当性、監査結果等がインターネットで公開されている。

　政策や制度を整備するPPPユニット、データの収集や分析を行う学術機関、事業の検証を行う監査には、それぞれの役割が求められる。

2-7 PPP/PFI 20年の展開と展望

金谷 隆正 氏

（一財）日本経済研究所　客員エグゼクティブ・フェロー

【プロフィル】

1977年　日本開発銀行（現・日本政策投資銀行）入行　同行都市開発部、企画部等を経て、1996年　（財）日本経済研究所入所　主にPPP/PFIアドバイザー業務等を担当、PPP/PFI業務関与件数250件以上、中央省庁、地方公共団体におけるPPP/PFI関連の委員会、研究会のメンバーを歴任、2011年　㈱日本経済研究所代表取締役専務　PPP推進センター長、2014年　（一財）日本経済研究所理事・上席研究主幹、2017年　同エグゼクティブ・フェロー（東洋大学大学院公民連携専攻客員教授　㈱日本政策投資銀行顧問を兼職）、2020年より現職

1 我が国PPP/PFIの20年に思う

本年1月13日は令和初の成人の日、全国で1999年生まれの約122万人が成人式を迎えたという。実は我が国PPP/PFIも、その起源を1999年9月のいわゆるPFI法施行に求めるとすれば満20歳、めでたく成人式を迎えたことになる。

たかが20年、されど20年、その20年の歴史はそれなりに重みがあり、今日のPPP/PFIの形成にも大きな影響を与えてきたと思われる。それだけに、PFI法施行以来20年を経た現時点で、我が国PPP/PFIの20年の展開を振り返り、その特色や課題を明らかにするとともに、今後のさらなる普及・活用の可能性を展望することは、PPP/PFIの一層の有効活用を考える上でも有意義と言えよう。

2 キーワードは「進化」

20年以上にわたり幸いにも我が国PPP/PFIの動向を俯瞰できる、①政策企画、②現場実務、③調査研究・普及啓発、の3部門の中間領域で業務に従事する機会を得た立場から、若干のコメントを述べさせていただきたい。

「PPP/PFI 20年の展開と展望」について大胆に総括すれば、ポイントは次の3点になろう。第1は、PPP/PFIは導入以来20年、紆余曲折はあったものの、我が国経済社会に事業手法として「一定の定着を見ている」こと（2018年度末累計PFI事業実

績：実施方針公表件数740件、事業費6.3兆円）、第2は、その一方でPPP/PFIには、地域への普及、空港以外のインフラへの導入、実務上の未解決課題の存在など、今後のさらなる展開に向け「取り組むべき課題が存在している」こと、そして第3は、今後、地域や社会が直面する課題が多様化する中で、ICTなど新技術の導入、地域データの構築・運営等、課題解決とその先にある「持続可能な社会づくりに向けての新たな活用」が期待されていることである。

そして、これら三つのポイントを繋ぐキーワード、すなわち「PPP/PFI 20年の展開と展望」を語る上でのキーワードとして、筆者は我が国PPP/PFIにおける「進化」を挙げたい。PPP/PFIは実に様々な進化を遂げている。誌面の都合上、詳述は避けるが、導入当初は、ハコモノ施設の効率的整備といった目的で活用されることが多かったPFIがニーズの変化に応じ、PPP/PFIとして効果的なまちづくりや、コンセッション導入も経てインフラ再生等にも活用されるようになったのは、「手法としての進化」があったからにほかならない。

また、進化は手法のみにとどまらず、財政負担削減から地域課題解決への活用目的の進化、単体事業から複合事業、複数事業、広域的事業への活用範囲や分野の進化、当初の官主導型から地域プラットフォームにおける官民金協働型への事業形成の進化等多岐に及んでいるのである。そして、随時発生する諸課題やニーズ変化への対応こそが、こうした進化の原動力となっていることは論をまたない。

①PPP/PFIの我が国経済社会への一定の定着、

②現状PPP/PFIを巡る諸課題解決への取組、

③持続可能な社会づくりに向けたPPP/PFIの新たな活用への期待

といった上記「PPP/PFI 20年の展開と展望」に関する三つのポイントの背景にあるのもPPP/PFIの進化とその可能性であるといえる。

このようにPPP/PFIは進化する手法であり、その活用が、課題の共有やその解決の協働等を通し地域社会を、新技術の導入等を通し産業や社会のシステムを進化させる手法なのである。我が国PPP/PFIの過去・現在・未来は、PPP/PFIの進化抜きでは語れない。

3 手法であることの魅力

改めて論ずるまでもないが、PPP/PFIは事業手法である。事業手法ということは、道具であって、それを実施することが目的ではない。また、事業目的達成に向けて適材適所で使用するものであるから、使い手はその道具の特性を了知していることが望ましい。そして、使い手の創意工夫により、使いやすいように道具を変革、進化させていくことが何より重要なのである。

PPP/PFIの20年の展開は、その変革・進化の歴史であり、今後の展望もまた私たち使い手がPPP/PFIについて、多様化する課題を解決しながら持続可能な地域や社会づくりに貢献し得るような進化を、いかに導き出せるかにかかっていると言えよう。これこそが、PPP/PFIが多様性、柔軟性、成長性、そして可能性を持った手法であり、道具であることの魅力ではないだろうか。

第3章

DBJグループ
有識者会議委員が語る
官民連携の展開と展望

第1章では、DBJグループ「PFI法施行20周年企画」において整理した総括的内容について紹介したが、この取りまとめにあたっては、既述の通り、各界を代表する皆様（第1章の図表2参照）で構成される有識者会議を2度開催し、活発な議論を実施していただいたところである（図表74）。

　本章では、PPP/PFIの意義やさらなる進化に加え、今後の地域創生全体を考える上でも様々な示唆に富む当会議での議論の概要について、大きく三つの視点から紹介することとしたい。

　第1章の内容とも随時照らし合わせながら読み進めていただければ、より一層有意義であろう。

図表74　有識者会議の模様

【第1回】2019年9月24日（火）

【第2回】2019年11月29日（金）　　　　　　　　　　　　　　　　出所：DBJ作成

3-1 PFIの意義及びそれがもたらした概念等

●民間の「プラスの知恵」の活用による付加価値創出

PFIは、財政負担軽減に加えて、民間の「プラスの知恵」によって経済的な付加価値が創出されるところに本来の価値がある。民間の知恵の活用をどのように促進していくかが重要である。

●行政の発注や契約が持つ限界を超える発想

PPP/PFIには、行政の発注や契約が持つ限界を超える発想がある。それは、最低限の機能+αの実現（性能発注等）、複数年度にまたがる長期予算、部局を超えた事業形成、といった点である。また、モノと機能を再整理して提案させるということも優れた点だと考えられる。

●インフラなどが持つ複数の機能（目的）のアンバンドル化（分解）

PFIが世の中にもたらした価値観の変化・社会変容の中の一つに、「機能（目的）のアンバンドル化（分解）」があるのではないか。例えば、道路では、通行機能・アクセス機能・空間機能に分解できるが、空間機能とは別に通行機能があれば良いと整理することによって、立体道路のような制度ができたりする。

このように、インフラなどが持つ機能を分解し、その上で、官民役割分担等を整理することが重要である。また、数字に基づき誰が何をやるべきかを考える中で、真水の資金を入れなければならないものや、規制緩和でできる部分などについて整理していくことが重要である。

●ファイナンス面からの統制による行政・政策の質向上

PFIは、民間のファイナンス面からの統制が加えられるようになったという点で、行政・政策の質を高める効果をもたらした。

従来、国や地方自治体が自前主義の発想で、住民等から徴収した税金を使って自ら施設を整備・運営してきたが、社会課題が多様化・高度化する中で、解決すべき課題を示し、民間から協力を引き出す存在へと行政の役割が変わったと感じられる。

特に、2011年のPFI法改正（コンセッション導入等）により、官は施設の企画から運営までを民間に委ねることができるようになった。この改正を資金面から捉えると、住民等から税金という形で包括的に費用を徴収し、一つひとつの事業や施設

の収支はやや不透明な運用であったモデルからの転換と言えるのではないか。

　地方交付税による財政支援がある中で、これまでの議会・選挙を通じたコントロールではチェックしきれなかった部分について、民間のファイナンス面からの統制が加えられるようになり、行政・政策の質を高める効果があったと評価することができる。

3-2 PPP/PFIに係るこれまでの成果・課題等

1 「ステージ1」について

●サービス購入型PFIに係る今後の推進是非

これまでPFIの大宗を占めてきたサービス購入型につき、今後の扱いをどのように考えていくべきかという視点が重要である。

具体的には、発注者(官)ができる限り、民側がプロジェクトの採算性にリスクを取る独立採算型を採用するように方向づけていくべきか、それとも、従前同様にサービス購入型の活用によってPFI案件数を積み上げていくべきか、等について考える必要がある。

また、インフラ本体の老朽化等の課題について、どのようにして解決を図っていくのかという視点も重要である。

●採算性評価面におけるサービス購入型スキームの課題

PFIで整備した施設が利用料金を徴収しないサービス購入型の場合、自治体は初期費用を抑えることにより、地方債の発行額抑制が可能となる。金融機関も、行政によるサービス対価の支払が滞ることはないと考え、自治体の信用力等に依拠して資金を提供するようになる。

その結果として、プロジェクトの採算性の評価が甘くなり、財政状況を巡る民主主義的なコントロールが利きにくくなるおそれがある。極端に言うと、自治体の財政赤字が見えにくくなりかねないリスクがある。サービス購入型ではなく、混合型の活用が進めば、金融機関によるチェック強化が可能となる。

●バンドリング・広域化の推進を

従来型の官民連携をより進めるものと、未来志向型官民連携のいずれにおいても、小規模な事業のバンドリング(事業や施設の複合化・集約化)や広域化を進めていくことが重要である。

●比較優位の視点も含めた広域連携を

地域の賑わい創出を目的として整備される道の駅や交流施設等は、基礎自治体単位で整備されるものであり、同様の機能を持つ施設が近隣に所在するケースも少な

くない。例えば、道の駅は茨城県内に非常に多く整備されており、わずか5kmくらいの隣の市町村に同じような施設ができている事例もある。お互いに広域連携し、例えば比較優位の視点から得意分野に特化していくなど、自治体単位にとらわれずに広域連携で特色を出していくことが必要である。

2 「ステージ2」について

●取組対象の変化（ハコモノからサービスへ）

PPP/PFIの対象は、ハコモノ(学校施設・図書館等)からサービス（エリアプロデュース、地域経営等）に変化してきている。こうした変化を踏まえた上で、今後、PPP/PFIで何を実現できるのかを考える必要がある。

●ターニングポイントとしてのコンセッション導入

PPP/PFIの発展の経緯を見直すと、コンセッションの導入（2011年のPFI法改正）が非常に大きなターニングポイントになった。ポイントは、所有権と分離して、公共施設等の「運営権」という新たな価値概念を作ったことである。これがその後のPFIの発展に寄与している。

●道半ばの「ステージ2」

PFIの「ステージ1」で手掛けられた図書館は、ICTとの親和性が高く、「トップラインの伸長」「ボトムライン悪化の緩和」、それぞれに効果があった。他方、「ステージ2」で手掛けられている上下水道運営については、一定の効果は上がっているものの、水道法改正を経た現在も、コンセッション案件は限定的である。

●インフラ老朽化状況等に係る実態把握の必要性

水道事業などについて、今後人口減少がさらに進んでいく中で、老朽化対策が重要な課題である。各自治体において、公共施設等総合管理計画を策定しているものの、例えば管路がどの程度老朽化しているかは、自治体の担当者ですら十分に把握していないのが実情である。まずは、状況把握のためのデータを整備することが必要になる。それがなければ、次の打つ手が見つからない。

●ボトムライン型事業における可能性

課題山積の水道事業などでは、管路の中にロボットを回すといった新しい技術や、ICTなどの知見・ノウハウを持つ大手企業が地元の中小企業と連携する動きな

どが出てきている。地域に新しい産業が生まれる可能性もあり、まさにピンチを
チャンスに変えることもできる。

●インフラ向けコンセッション等の成果

ハコモノ（庁舎・学校等）のPFIは成果が見えづらいが、インフラ(道路・港湾・
空港・上下水道等)は成果が比較的見えやすい。

例えば、宮城県では、空港に次ぐコンセッション案件として、上水道・工業用水
道・下水道の水道3事業について、「みやぎ型管理運営方式」の導入に取り組んでい
る。給水量は20年後には2割、40年後には3割以上減少することが見込まれており、
単純に計算すると、20年後には1.2倍、40年後には1.5倍の料金となることが想定さ
れる。コンセッション導入により、運営権者の努力で200億円以上のコスト削減が
見込めると試算しており、これが実現すれば水道料金の大幅な軽減に繋がる。

また、宮城県では、東日本大震災以降に創造的復興を掲げ、水産業漁業権の民間
開放（水産業復興特区）、仙台空港のコンセッションが実現された。前者は漁業法
の特例措置、後者は航空法の改正に繋がった。法改正後、最初の民間空港として取
り組まれた仙台空港は、着陸料等を自由に設定できるようになり、LCC（ロー・コ
スト・キャリア）等も多く就航するなど非常に活気を呈してきている他、空港コン
セッションは他の地域にも普及してきている。

❸ 20年の振り返りから見た課題と適切な活用へ向けた視点等

①PPP/PFIの成果等に係る定量的・定性的把握について

●客観的な成果・データ開示の必要性

PPP/PFIの持つ本質的な価値に対する国民の理解が依然として不足している。
おそらく「単純な民営化」という誤解、エビデンスに基づかない議論、漠然とした
不安感といったものが底流にあるのではないか。

広く国民の理解促進に繋げていくためには、客観的な指標や計画に基づいて、
PPP/PFIがもたらす成果、それに係るデータをインパクトある形で訴える必要が
ある。

●PPP/PFIを「実施しないリスク」見える化の必要性

PFIを実施した自治体と実施していない自治体を比較し、実施した場合にどれだ

け効率化が進むのかを示し、実施しないこと自体がリスクになるという指標を示すことも考えられる。「PPP/PFIを実施しないこと」自体のリスクを自治体は認識する必要がある。

②自治体の体制・担い手・ノウハウ等について

●先導的な首長や職員育成の必要性

小規模な自治体では、職員数が100人に足りないところもある。PPP/PFIの推進には、いわゆるクレイジー（先導的）な人財を3人そろえることが必要と言われることもあるが、これは事実上困難である。

これまでPFIを実施してきた自治体は、比較的人口規模が大きく、職員に積極的な人がいるか、先導的な首長が引っ張ってきた地域である。人口20万人未満の市区町村の9割くらいでは、PFIを実施したことがない（2019年3月末現在で1,610団体中1,432団体）。地域で先導的な職員や首長を育てる一方、自治体が横並びで競い合ってリスクテイクをしていかなければならない。

●担い手職員増加の必要性

PPP/PFIを推進するには、人財の問題が非常に大事である。事業の実績は積み上がってきているが、人財はいまだに不足している。特に市区町村単位では人財が不足しており、必要な人財の絶対量の増加やそのためのプラットフォーム組成などを行わなければならない。

●総合プロデュースできる職員形成等の在り方

官側に公共施設等の整備・運営を総合プロデュースできる人財がいないことが大きな課題である。現状の育成方法の延長での人財形成に力を入れるべきなのか、新たな仕組みで対応していくべきなのかを考えなければならない。

●民間提案を受け止める体制にバラツキのある実情

民間側から出される様々なプロポーザル（企画・提案）を、官側でどう受け止められるのかがポイントである。官側によくわかっている職員がいると話は進むが、そうでない場合、なかなか簡単には進まない。

●金融機関からの提案を受け止める体制にバラツキのある実情

金融機関から自治体に対しての事業提案も、自治体によって受け止め方は様々で

ある。受け止めてもらえる自治体からまずは始めて、その成果を示して横展開をする、もしくは地域プラットフォームを活用して成功事例を共有していくことができれば良いのではないか。

●知識・経験蓄積へ向けた工夫の必要性

自治体側の知識や経験をどう蓄積していくかという点は、制度の改善・改良とともに大きな課題であり、ポイントになる。政府でも、経験を持った人財の派遣による知見や経験の移転をより一層進め、自治体の経験値や知恵を高めていくなどの工夫が必要ではないか。

●ノウハウ面・ネットワーク面のサポート例

突然PFIを担当する立場に立たされた自治体職員の中には、先が見えず途方に暮れている人もいるとみられる。簡単でわかりやすいPFIの成功事例をウェブサイトで掲載することなども有用であろう。

また、公務員同士の横連携のネットワークで成功体験を共有することなどもあり得よう。例えば、総務省の方が立ち上げた「よんなな会」という事例があるが、こうした情報交換のネットワークは貴重である。また、成功体験を持つ自治体職員を一定期間派遣するなどの議論も必要ではないか。

●経験不足補完方法例：経験豊富な公務員の自治体間共有

日本では、自治体がPFI事業を実施しようとしても、経験者が不足しているためスムーズに実施できないことが多い。人財不足の現実的な解決策として、日本では割愛願[*1]の届け出により、自治休間で経験豊富な公務員を共有する必要があるだろう。

●経験不足補完方法例：他国からの経験者招聘

オーストラリアの西シドニーにおいて、完全な性能発注で11,400haの都市開発を行おうとしている事例がある。特筆すべきは、官側の経験不足を補うために、イギリスから経験者を送ってもらっている点である。

●過去のマイナスイメージ払拭等の必要性

約8割の自治体はPFIを未実施である上、実施した約2割の自治体の中にも、硬直的なイメージに懲りて、以降PFIの実施をやめた自治体もある。また、ある県内で

＊1　他の自治体に所属する人員の籍を移すことについて、当該自治体から同意を得るための願い書

PFI事業を実施して大成功した自治体があるが、導入時に非常に苦労したためトラウマとなり、以降、当該市ではPFIを実施しない状況（雰囲気）になっている。このような事例は多いのではないか。

　PPP/PFIの普及・啓発にあたっては、自治体の工数・苦労等をいかに減らすかという観点も考慮すべきである。また、近年は従来型のPFIから進化したということを、自治体に理解してもらうことも重要である。経団連から毎年改善要望を出していることもあり、国のガイドラインはブラッシュアップされ、使い勝手も良くなってきているところである。

③シンプルな地産地消型事業の推進等について

●シンプルかつ柔軟な考え方で

「PFIは難しい」「自分たちにはできない」という意見も聞くが、小さな自治体でも実施できる。複雑にやろうと思えば複雑にできるが、簡単にやろうと思えば簡単にできる。

　PFI法、地方自治法や地方財政法さえ守れば良い。また、契約書が標準化されれば、穴埋めで契約書を作成することもできる。そのような柔軟な考え方が普及すれば、PFIがもっと抜本的に広がっていくのではないか。

●シンプルな成功体験の重要性

　全体の約8割を占めるPFI未実施の自治体に向けて、シンプルなPFIや廃校利用などの成功体験を示すことがとても大事である。未来志向型の話ばかりでは二の足を踏んでしまう。簡単なものから成功体験を積み、「これならできる」と思うことも必要だろう。給食センターなど実績の多いPFIは、地元事業者で取り組めることも多い。このようなことについて、もう少し広く知ってもらうことが必要である。

●地域金融機関を含めた地産地消型事業の重要性

　地方の5億〜10億円程度の小規模な案件は、中央資本の民間事業者が参加することも少なく、リスクを厳密にアンバンドルする必要のないケースもあるので、地元の企業連合の信用力を一番評価できる地域金融機関が競争上優位になる。地域金融機関を含めた地産地消型事業推進の視点が重要である。

●地産地消プラス地域外ノウハウ活用の重要性

　地産地消という考え方は非常に重要である。同時に、これまで地域の中で解決できなかった課題をこれから解決していくためには、地域外から来た知識・ノウハウをいかに活用していくか、それを誰が担うかがポイントと考えられる。

●事業対象峻別やスモールスタートの重要性

　PPP/PFIの推進を目的化するのではなく、事業対象を峻別することが必要である。成果が測定できるものと測定が難しいものによってもやり方が変わってこよう。効果測定が難しい事業についてはスモールスタートとし、やる気のある自治体によって、もしくは官・民・金の地域プラットフォームを活用しながら進めることが重要である。

④インフラ分野の課題解決への活用について

●市場規模見える化の重要性

　インフラ分野等に係る国全体の市場規模を中長期的なマクロの数字で見える化するなど、「PPP/PFIで食べていける」ということを何らかの形で示す必要がある。ターゲットや目標が見えると、ビジネスに育てていけるのではないか。

●スキームの効果を高める工夫（成果連動型報酬等）

　PPP/PFIの原資は、当初の公的財源依存型から、利用料金収受型へと発展してきている。今後は、橋梁やトンネルなど料金収受型以外のインフラにおけるLCC（ライフサイクルコスト）の低減効果に報酬を連動させるような、成果連動型報酬などの活用も考えられる。

⑤民間新技術の適切な導入等について

●「進化する民間テクノロジーの取り込み」という難題

　日本のPFIは着実な展開を見せてきているが、進化する民間テクノロジーをVFM（バリューフォーマネー）等にどう取り込むかは、いまだ誰も考えていないのではないか。VFMは、「公共発注を民間活用に変えたらコストメリット等がどの程度生まれるか」という概念であり、イノベーションを評価に含められないという問題がある。このままのPFIでは、使い勝手の悪い旧来型のインフラを再生産するだけに終わりかねないという見方もできる。

また、入札や契約についても、どうしても従来の公共発注の考え方を引きずってしまう。事業の途中で新しい民間テクノロジーを取り入れる際には、入札や契約手続きをやり直さなくて良いのかという議論になってしまう。

　これらも踏まえ、今後、進化する民間テクノロジーをPFIにどう取り込んでいくかが重要な課題である。

●長期契約の中に技術の進展を織り込む難しさ

　これまでPFIにおいて、ICTの重要性はそれほど認識されていなかった。だが、図書館、浄水場、病院のバックオフィス系等においてこれを活用することで、事業の持続性確保や業務の効率化が図られたり、集客が倍増したり（特に図書館）、少ない職員での対応が可能となるなど、非常に効果があった。

　ただ、振り返ってみると、期間が18年や20年等の長期契約の中で、当時はICT技術の発展がドッグイヤーだったのが、現時点ではマウスイヤーの状況になっている。長期契約の中でICTを導入するにしても、行政からのリクエストに比して、ICT技術の進展速度は著しい。そのような中、ICT技術をどのように契約に盛り込むかに腐心しており、民間事業者は発注元の首長等とも協議して契約を見直したりもしている。

　長期契約の中に技術の進展を織り込むためには工夫が必要である。特に、スマートシティやスーパーシティは、様々なステークホルダーが関与しないと実現は難しい。

⑥発注手続き等について

●性能発注等を巡る課題①

　性能発注と言いつつ、建築請負契約にしても公共の標準約款がベースになるなど、我が国のPFIは仕様発注の発想が根底にあり、民間の知恵が働かない構造になっている。

　また、通常、官が基本構想を練って基本計画を作っていく段階では、技術の検討までは行われない。画期的な技術を取り入れようとする場合、マスタープラン作成の最初の段階から導入を決めなくてはならないが、そこまで踏み込んだことはできていない。

　これらも踏まえ、仕様発注では必ずしも導入できない新技術を、性能発注で導入

するにはどのようにすれば良いのか、などの課題がある。

●**性能発注等を巡る課題②**

仕様発注のやり方を引き継いだ性能発注の調達手続きは、作業に時間がかかるため、発注業務の負担軽減という性能発注の本来のメリットを発注者が十分に享受できていない。

地方自治体は公務員を増員できない中で、新しい政策課題に対応する必要があることから、重要性が低い事業は民営化したり、外部委託できる業務は外部委託していかなければ、新規の住民サービスへのニーズに対応できない。

発注業務についても、官側の業務負担を減らすという視点で性能発注のメリットを活かす工夫が不可欠である。性能発注のメリットを享受するには、調達手続きにおいても負担軽減を図る必要があり、そのことが官側に十分に理解されていない。

●**発注手続きやその担い手の在り方**

PFIはあくまでも手続き法であり、自治体の職員がいくら手続きをしても良いものを生み出すことは難しい。もっとも必要なことは、自治体の政策決定能力・企画能力の向上である。手続きはコンサルタントに任せて、その分自治体職員を他の必要とされる公共サービスの提供に振り分けるほうが建設的である。

さらに、仕様提案を民間に任せることで、自治体の業務を減らすことも重要である。PFIの仕組みについて、少し距離を置いて考えてみたほうがよい。

⑦**既存の制度・枠組みや発想の改善について**

●**財政的なインセンティブ付与やディスインセンティブ解消の必要性**

現状地方債の金利が低い中で、自治体がPFIを推進するためには、財政的なインセンティブ付与等の制度設計が必要である。また、コスト削減努力が交付金減少に繋がってしまうような、現在の制度設計における自治体側のジレンマも解消していく必要がある。

●**固定観念にとらわれない民間ノウハウ活用等の発想を**

PFIにおいて民間が収益を上げられない事業は存在し得ない。どのような形であっても、民間に収益が発生する余地を残さなければならない。

また、民間ノウハウの活用範囲について、極端な例で考えれば、市役所や公立学

校の運営をPFI等で民間に任せられないかといった議論などもできる。民間による
ビデオ授業の学習進度を測定したところ、従来の授業時間の半分程度で学べるとい
う実験結果も出ている。教えることを民間に任せることで、従来の教員が補助教員
のような立場になることもあり得るかもしれない。

　民間サイドとしても、現在の制度の枠にとらわれることなく、もっと大きな視点
で考え、行政に提案していくことが必要である。

　また、ユニバーサルサービス自体を考え直さないと、行政サービスそのものが成
立しない、という地域が出てくることなども考えなくてはならない。

⑧その他

●小規模事業者への社会政策的な対策の在り方

　従来型の公共調達における分割発注のメリットは、多数の公共工事の効率的実施
と、小規模事業者に対する発注（機会の創出）にあった。

　PFIでは、効率性・効果性を高めようとすると、どうしても範囲の経済・規模の
経済を追求せざるを得ず、包括発注・一括発注となる。そうすると、小規模事業者
に対する社会政策的な対策は、官ではなく代表企業に面倒を見てもらうということ
となる。

　小規模事業者に対する社会政策的な対策を、民間事業者に委ねて良いのかという
点も、PFIにおいて検討が必要な論点である。

●資金循環が起きにくい構造

　これまでのPFI案件は、資金循環が起きにくい構造となっている。これは、当初
PFIの仕組みを設計する際に、資金循環が不可欠という点まで考慮していなかった
ことが原因と考えられる。

　PFI案件を増加させたり、大型案件を実現する上で、スポンサーが契約の終了時
までSPC（特別目的会社）等のエクイティを保有し続けるという現在の構造には限
界がある。事業が順調に進みだした後、契約期間の途中で、長期資金を供給できる
新しい投資家が、当初のスポンサーからエクイティを購入することで、資金循環を
生じさせることが不可欠である。

　特に、優良な長期資金である年金資金をインフラ分野に活用するという趣旨で資

金循環を起こすためには、官民のリスク分担をどのように設定すべきかが課題である。

●不明瞭な予定価格

PFIは市場経済の申し子である。予定価格が不透明な状況だと、民間企業はなかなか参入しづらい。予定価格が公表されていたとしても、その算定基準がわからない場合は多い。

●成功事例における「魂」の把握を

PFIの成功例においては、なぜその事例が優れているかが、開示資料等では摑み難い。何がその案件の「魂」であるかの把握が重要である。

●新たな手法の活用で収益的事業と自治体財政の切り分けを

利用料金収受型の事業や収益的事業であれば、LABV方式[*2]などの活用も一案である。このような方式を活用することによって、当該事業と自治体財政を意識的に切り分けることが重要である。

●地域金融機関が報われる事業環境への改善を

地域金融機関には、①自治体の指定金融機関、②地元企業のメインバンク、③地域のシンクタンク、等の機能を持ち、地域の将来をしっかり考える、という大きな役割がある。

PFIが始まった20年前は、主にゼネコンが中心的な推進主体であったが、現在は地域金融機関が主体となっている。近年では国（内閣府、国土交通省）が各地における地域プラットフォーム等様々な活動を後押ししているが、それらの実質的な事務局や自治体への働きかけ等についても、地域金融機関が中心となっている。

地域金融機関のこうした努力が報われる事業環境に変えていかなければならない。現在、金融緩和で非常に厳しい中、案件数を抜本的に増やしていく、また、個別のファイナンスの採算性を向上させていく、といった観点が重要となってこよう。

＊2　Local Asset Backed Vehicle方式：地方自治体所有の土地を事業主体へ現物出資し、それと同額の民間からの出資と金融機関から調達する資金により、公共施設と民間施設を整備するスキーム。イギリスで実例がある。このスキームをとることで、地方自治体は現金の確保が不要となる。

4 海外からの教訓について

●イギリスでの教訓を踏まえた取組を①

イギリスでは新規のPFI案件への取組が不可となったが、日本ではなぜ進めるのかという一般的な疑問も生まれよう。イギリスを参考にしつつ、日本とイギリスとの違いや、日本で実績が上がっている点などを明確にする必要がある。

●イギリスでの教訓を踏まえた取組を②

ICT、IoTをPPP/PFIにどのように取り込んでいくかについては、イギリスでも取り組まれているが、なかなか事業スキームがついていかず、苦戦しているようである。そのようなこともしっかりと踏まえて、日本版でどのような形ならできるのかということが重要である。

3-3 今後の未来志向型官民連携の在り方

1 あるべき方向性等について

●民間のテクノロジーと知恵により別次元の取組を

民間のテクノロジーと知恵により、今までのPPP/PFIとは質の違うことができるということが、これからの未来像だと考えられる。これまでの行政や公的資産といった概念自体が変わっていくことが想定されるので、制度設計も含めて別次元の話ができれば面白い動きになるのではないか。

●新しいビジネス・まちづくり・仕組みづくりへの新しい官民連携を

今までのPPP/PFIは、既存のサービスや施設について、どのように官民連携を活用するかという視点であった。今後期待されるのは、新しいビジネスやまちづくり・仕組みづくり(自動運転やスマートモビリティなどの交通システム、スマートシティ等)における官民連携をどう進めていくかということである。

新しいまちづくりには、民間の知恵や手法が加わる余地があり、官民連携にチャンスがある。PPP/PFIを活用するメリットは、資金面もあるが、民間のアイデアが新しい付加価値として加わることが一番のポイントである。未来志向型官民連携では、ぜひ新しいアイデアを新しい取組に使って進めてほしい。

●制度・枠組みにとらわれない発想を

将来については、少し枠をはめずに豊かに発想していくことが必要である。例えば、イスラエルのように、ゼロから1を生み出す国は、発想力が全く異なり、枠組みに対する制約意識が全くない。自由に発想してビジネスモデルを組み立てている。「課題を解決するために何をするか」という視点からすべてを発想しており、「今どういうことをやっているから」ということをあまり考えない。

PPP/PFIも、かなり新しい発想を入れていかなければ効果的・効率的なものにならず、社会課題の解決にも繋がらない。明確な目的意識を持ち、制度にとらわれずに考えるという方向に進んでほしい。

●課題オリエンテッドな発想を

実現あるいは解決すべき課題は何であるかを最初に考えなければならない。どの

事業をどういった手順で、という視点から検討を始めてしまうと、後でおかしな事態となってしまう。こうしたことが繰り返されてはいないか反省したほうがよい。

また、今後の状況を考えると、日本で人口減少とデジタルトランスフォーメーション[*3]がさらに進むことは不可避であり、以上の2点を無視した形の事業は成り立たないと言っても良い。

●既存の手法×デジタル技術で攻守両面の対応を

デジタル技術の進展により、課題への対処と同時に攻めへの対処でも活用の可能性が広がっている。これまでの手法にデジタル技術を組み合わせることで、もっと事業を効果的・効率的に進められる。

●SDGsの観点からも推進を

昨今、持続可能な開発目標（SDGs）の取組が注目を集めているが、このSDGsを推進していく観点からも、未来志向型官民連携は重要と言えよう。

●ノウハウ持つ地域をコアとした広域的取組を

広域化することによって、既存サービスで持続可能性に問題があるものを持続可能なものにすることができる。また、従来ないサービスを新しく提供することができる。さらに今後、防災・減災面も含めて推進すれば、社会インフラ・ネットワークの提供という意義もある。

現実として約8割の自治体がPFI未実施であるので、PFIの経験がある地域が広域化により周りを取り込んでいくということもできるのではないか。こうしたことを通じて、ノウハウや人財を共有・活用していけるのはプラスの面ではあるが、一方で、本当にできるのかという思いも実務者の実感としてある。何か起こったときのリスク分担がうまくいかず、少しアレルギー反応を起こしたりする場合もあるかもしれない。

●個々の地域経営と広域化の両立を

点から面への広域化と、個々の地域経営の両立を考えなければならない。例えば、コンパクトシティの中では地域包括ケアという重要なテーマがある。地域包括ケアは、福祉の面的展開や効率化についてあまり評価できる仕組みになっていな

---

*3 「ITの浸透が、人々の生活をあらゆる面でより良い方向に変化させる」という概念

い。また、地域包括ケアが経営面で成り立つかどうかも考えなければいけない。政策的に重い面には真水の資金を入れなければならないこともこれから出てくるとみられる。

●地方自治・団体自治・住民自治の原則を踏まえた取組を

我が国は、課題先進国と言われるほど大きな社会問題に直面しており、特に人口減少問題は今後様々なインパクトを与える。他方、AIなどの新たな技術革新が進んでいる。人口減少社会ではあるが、生産性を向上させることによってサービスの質を維持することは可能だと思われるので、そういった意味でもPPP/PFIをうまく活用する知恵を絞っていければ良い。

その際、地方自治・団体自治・住民自治が前提となるが、こうした自治の原則を踏まえ、官と民で役割分担する必要がある。

特に、公共サービス・公共事業については、福祉的側面が置き去りになってサービスを享受できない人が出てくることがあってはならない。

2 地域課題・社会課題の捉え方等について

●「トップライン」と「ボトムライン」

地域課題は多岐にわたるが、「トップライン」と「ボトムライン」の問題として整理できる。「トップライン」の問題は、まさに地域創生である。具体的には、いかに人を呼び込んで地域経済を成長させるか、地域経済の「トップライン」をいかに伸ばしていくかということである。「ボトムライン」の問題は、サービス品質の維持・効率化や、人口減少・財政制約下で老朽化するインフラの更新等をいかに進めるかである。

これまでPFIは、「ボトムライン」の問題には貢献してきたと思われる。PFI法施行当初は、民が官と同じサービスを提供するという発想だった。昨今は、民が官より良いサービスを提供する手法に進化している。しかしそれでも、人を呼び込んで経済を成長させるまでには至っていない。この点は、未来志向型官民連携による地域創生の中心的な課題と考えられる。

●日本全体の課題と地域個別の課題

地域課題や社会課題への取組という観点では、日本全体の課題と地域個別の課題

は分けて考える必要がある。大枠で考えないと部分最適になってしまう組み合わせ
もあるのではないか。

　具体的には、少し長めに2050年くらいまでを見据え、広域連携・コンパクト化な
ど、どの地域でも進めなければいけない手法と、地域の多様性や地域の個別の課題
に対処するための手法とを分けて考える必要があるのではないか。

●都市の規模による整理

　社会課題の解決へ向けて、総務省や国交省、自治体などがスマートシティやスー
パーシティを推進している。一方で、PPP/PFIの課題は、大都市・地方都市・過
疎地といった地域によって変わってくる。一つのステレオタイプで議論するのでは
なく、各地域・規模によって類型化し、ある程度のモデルを想定して議論がなされ
るべきである。

●PFI法等を所与とする議論としない議論

　PPP/PFIという手法で世の中の課題がどこまで解決できるのか、仮に解決でき
そうな課題では何がPPP/PFI実施のネックになっているのか、ということの整理
が必要である。場合によっては、資金の入れ方なり思想なりを官側が考えないとい
けないが、旧来のように施設別で考えていては課題に応えられない。

　また、PPP/PFIのさらなる活用等へ向け、「PFI法の延長で議論を広げるのか」
と「PFIに加えてPPP的なものがどう未来を拓けるのか」では少し違う側面がある。

③ 想定分野等について

①上下水道分野等(ボトムライン悪化の緩和)

●広域化対応業務と個別対応業務の仕分けの考え方

　水道事業などでは、自治体ごとに一つのPPP/PFIを実施するのも当然あるだろ
うが、例えば、メーター管理や料金計算・請求事務といった必ず発生する業務を共
同化・共通化してはどうか。自治体や国で共通化できるものに関しては一緒に提供
し、運営に関するものについて地域の類型に応じて経営・マネジメントの方向性を
変えてPPP/PFIを活用すれば、さらに効果的・効率的になるのではないか。

●SDGsの視点を踏まえた関係者との対話や官民役割分担検討を

　未来志向型官民連携の発展へ向けては、地域におけるSDGsの各ゴール達成の視

点が重要である。SDGsが分野横断的に課題を解決しようとするものであることは、既に共通認識となっている。

この点、未来志向型官民連携の一つである水道事業の官民連携について言えば、過去の台風では、長期断水が発生して水道関連の人財不足が顕在化し、危機管理面で課題を残した。人財育成や技術継承など、官そのものの体力強化の必要性が感じられたところである。

我が国では、水道事業の基盤強化へ向けたコンセッション活用などもうたわれているが、ライフラインとしての水道の持続可能性そのものに関わる課題には、適切な情報アクセスの保障のもと、住民や担い手職員も含めた対話と参加を通じ、各者の声が活きるようにすることが重要である。そしてその上で、サービス供給主体としての責任の果たし方や、官民役割分担の在り方について適切に検討することが重要であろう。

②まちづくり分野等(ボトムライン悪化の緩和×トップライン伸長)

●民間目線による公有資産の機能・価値の見直しを

今後の未来志向型官民連携においても、公有資産が有する機能と価値を民間のビジネス目線で見直し、民間が活用できる権利とすることで、「無から有」を生み出して、地域創生や地域活性化に繋げることができるのではないか。

例えば、公共施設のネーミングライツは、施設が有する宣伝価値を見いだして「命名権」という形で切り出すことで、「無から有」が創出された。

●「民間発エリアプロデュース」の可能性

「エリアプロデュース」について、官発の事業だけでなく、民間発のエリアプロデュースという発想があっても良いと思う。例えば、廃校をプロデュースする権利を民間に売り、民間が地区の特産品である蕎麦を活用して蕎麦打ち体験の場を作り、蕎麦好きの外国人観光客などをターゲットに集客する事業なども考えられるのではないか。

③ハードインフラ・ソフトインフラ連携等(トップライン伸長)

●アジアをはじめとする地域外需要等の取り込みを

地域外の需要や地域外の人をどう巻き込むかという視点が重要である。これから
アジアの所得水準がさらに上がり、日本と同程度の消費水準の人口が3倍程度に
なってくる。そのような時代だと意識する必要がある。

●**トップライン伸長のための広域化の重要性**

トップラインの伸長に関連する事業等についても、もっと広域化の意義が強調さ
れるべきである。強みをいかに周辺に伝播させていくかが重要となる。強みという
のは、市町村単位のみならず、地域をまとめて考えるべきである。

▉ 推進に係る課題について

●**事業を最適かつ公明正大に進めるための「場の設定」の重要性①**

未来志向型官民連携において悩ましい一つの課題が、「場の設定」である。分野
を超えたり、いくつもの主体がまたがる中では、様々な組み合わせが予想されるた
め、どのような場の設定が最適なのか議論しなければならない。また、官の立場で
言うと、そういう場の設定の仕方を誰がどのようにサポートしてくれるのかという
点も気になる。幅広く提案を受けて、場が設定され、公明正大に「これが良い」と
なってから進めなければならない。

PPP/PFIは、適正な競争環境が確保されなければ納得感が得られない。予算面
等も含めた説得力に加え、選定される際の公平性の議論があるため、場の設定がよ
り難しくなる。加えて、規制緩和の話も絡めた整理も必要であろう。

●**事業を最適かつ公明正大に進めるための「場の設定」の重要性②**

国のあるPFI案件では、自治体とも事前に話をして、容積率を上げるルールを設
定することができた。一方、同時期に実施された別の案件では、「周辺エリアも含
めて再開発して容積率を上げるともっと良いまちづくりになる」と提案した事業者
もいたが、設定された条件・枠組みに合わないからという理由で、提案は受け入れ
られなかったようである。提案の良しあしの議論と競争の公平性の議論は異なる。

未来志向型官民連携については、提案を受け止める場を作り、その提案が良いか
どうかを決めないと、公平な競争ができなくなってしまう。とりわけ広域的な事業
になると、今までのPFI以上に、提案を受け止める場が必要になってくる。強力な
政治リーダーシップがあれば良いのかもしれないが、通常は自治体ですべての責任

を背負うことはできない。オープンな場で議論をして、自治体が最終的に選択するというプロセスが必要となる。

　民間から提案する場があり、それを評価して実施するというプロセスを用意しなければ、難度の高い未来志向型官民連携を進めることは難しい。

●**適切な効果測定方法の検討を①**

　PFIはVFMを算定するのが原則ではあるが、使える部分と使えない部分がある。特に、未来志向型官民連携でVFMをどうカウントするかは大きな課題であるが、何らかの形で効果等を測る努力は必要である。アカウンタビリティ（説明義務・説明責任）は、本来は数字を用いて果たすべきものだからである。PSC[*4]等の従来型の定量指標を用いることができない場合には、新しい効果測定の方法を検討する必要があるだろう。

●**適切な効果測定方法の検討を②**

　新しい技術やアイデアの導入に積極的に取り組んでいく際、課題になるのがEBPM[*5]である。今までもPFIやPPPを導入する際は、VFM等の評価指標を算定等しながら進めてきたが、これから未来志向型官民連携に取り組むにあたっては、効果測定や目標設定のための指標をどういった形で示していけるかが大きな課題となる。

●**ガバナンス面へも配意を**

　経営やプロジェクトマネジメントの難度が上がると、必ずガバナンスが課題となる。株式会社における独立社外取締役のようなモニタリング機能をあらかじめ織り込むことも考えるべきではないか。

5 推進態勢と関係者合意形成等について

●**地域へのロイヤリティーを伴い将来へ展開する「Space」としての設計を**

「近隣公共空間」をいかに作っていくかという視点が非常に大事である。「場」という言葉にも、PlaceやSpaceなどいろいろな意味があるが、ただ集まるだけでなく、Spaceのように将来に向かって展開するという設計が重要である。

＊4　Public Sector Comparator：公共が自ら実施する場合の事業期間全体を通じた公的財政負担の見込み額の現在価値

＊5　Evidence-Based Policy Making：証拠に基づく政策立案

一つ例を挙げると、フランスのストラスブール市では、近隣都市と一緒に地域の問題を解決する「ユーロメトロポール」という地域圏をつくった。さらには、対岸のドイツの都市とも連携して、拡大した地域圏をスタートさせている。

「地域ビジョン推進プラットフォーム」を設計する際には、住民が地域の問題に対してロイヤリティーを持つような発想や仕掛けも必要ではないか。

●サービス受容者（住民）の目線からの逆転の発想を

　日本では、官がトップダウンでデザインすることが多くなっているが、ヨーロッパでは、「サービス・オブ・ジェネラルインタレスト」、つまり、「住民の一般的利益（ボトムアップの利益）」という発想でデザインがなされている。住民というサービス受容者の目線から、ひっくり返してみるという発想が重要である。

●地域住民を含む多様な主体による協働の仕組み構築を

　地域住民も、当事者意識を持った参加が必要である。地域住民・民間事業者・NPOなど、多様な担い手が地域課題の解決に向けて協働できる仕組みの構築に取り組んでいかなくてはならない。

●PbR等も活用した多様な主体一体による事業推進の視点を

　イギリスでは、多くの公共サービスでPbR（Payment by Results、PPPの一類型）が活用されている。当手法は、「目的の異なる民間営利企業・社会的企業・政府（自治体）を一つの目標達成に向けて閉じ込めて協働させる素晴らしい仕組み」と評価する声もある。今後我が国でも、このように、三者が一体となって事業推進する視点も重要ではないか。

●PFI制度設計の成功体験を住民合意プロセスに活かし「PPPP」実現を

　海外のスマートシティがうまくいっている一つの要因は、住民合意にある。何度もトライ・アンド・エラーを繰り返し、住民合意を得ることがポイントである。こうしたプロセスに手を抜かないという点は、PPP/PFI等に国民（受益者）の理解が進んでいない我が国において参考になるのではないか。

　我が国のPFIでは、これまで自治体や経済界からの要望や意見を国が取り入れ、制度改善を継続的に図ってきたことで、使い勝手の良いものになってきたという成功体験がある。これをしっかりと参考にして、住民の理解と合意を獲得していくプロセスにおいても同様に取り組むことが、これからの先導的なPPP/PFI等の成功

166

へ向けた一つのカギとなるのではないか。

なお、「PPP」を、「PPPP」と呼ぶ人もいる。最後のPは、「people」ということであり、具体的には、公共サービス実施に対する考え方なども含めて住民に理解してもらわなければ、PPP/PFIはうまくいかない、という意味である。

●メリット／デメリットを提示した上での丁寧な合意形成を

新たなPPP/PFI事業等を始めようとする場合には、メリット／デメリットの情報を提示した上で、住民をはじめ関係者との丁寧な合意形成を図っていく必要がある。

例えば、水道事業の民間委託について言えば、民間事業者の透明性の確保や、住民参加のもとでの意思決定の視点が重要となる。スポーツ施設について言えば、大規模自然災害時に、緊急避難施設としての機能を備える視点などが重要となる。また、森林資源の有効活用について言えば、地域の荒廃を防ぐために林業活性化を図る視点などが重要となる。

6 各関係主体に期待される視点等について

①自治体

●既存の制度・枠組みにとらわれずアイデアと行動力ある職員育成を

自治体には、既存の制度・枠組みにとらわれず、PPP/PFI等を推進することが求められるが、その際に課題となるのが、組織体制と人財育成である。当初想定していた環境に変化があった場合のリスク分担や事業の在り方検討は難しく、PPP/PFI等にアレルギーを感じる職員もいる。困難な事業を進める中で多様な手法を選択できるだけのアイデアと行動力のある職員を育てていくことが非常に重要である。

②民間・金融機関

●「競争」から「共創」への転換を

地域金融機関の融資等は、地元で集めた預金が原資になっている。したがって、地域のインフラ整備などに地域金融機関が関与することにより、地元のお金が地元に環流することになる。これは、非常に社会的意義があることであろう。

ただ、その際、コストの話にばかり目が行ってしまうと、これが安いところということで、地元の金融機関や事業者がなかなか入れなくなることもある。高度なノ

ウハウを持っている他の土地の金融機関や事業者ばかりが入ってくるとなると、せっかくの地元でお金が回る動きに水を差す懸念も生まれかねない。

競争は大事ではあるが、今は、争う「競争」ではなく、共に創る「共創」の時代である。PPP/PFIは、皆で知恵を出し合いながら、しっかりと官・民・金が連携して共に創っていく、という気持ちをどこかに残しておくことが、持続可能な未来志向型官民連携に繋がっていくのではないか。

●縦のノウハウも活用する発想を

横連携が盛んに強調されるが、中には縦割りのガバナンスで非常にうまくいっている例もある。例えば、鉄道車両の製造について言うと、イギリスでは一つひとつの組織がすべての関連ノウハウを持っているわけではないので横に繋がらざるを得ないが、その点、日本の企業は縦の連携ですべての工程を提供することができている。組織の持っている縦のノウハウを活かしながら横に繋げていくという発想も必要ではないか。

●海外展開も見据えた取組を

我が国でもインフラ輸出等が重要と言われて久しいが、いざ輸出しようという時に、国内での実績がなければなかなか実現できない。課題先進国日本においてインフラ事業をはじめとする先導的取組の実績を積むことが、いずれ海外での事業展開にも繋がるという発想を持つことが重要である。

●地域金融機関は「コーディネート機能」の発揮を

地域金融機関がPFIファイナンスに参画する機会はどんどん増加しており、アレンジャー業務やエージェント業務の経験を積んできた金融機関も複数ある。そういう面では、リスクマネーの提供という点において、地域金融機関側に知見・経験値が積み上がってきた。

今後求められるものは、地域の課題に対する解決策を考えるための専門家を取りまとめる「コーディネート機能」であろう。この機能は、地域の課題に日頃接している地域金融機関が果たすべき役割と言えよう。

●金融機関は「ヒト」「モノ」の面でも貢献を

金融機関は、これまで地方創生の課題である「ヒト・モノ・カネ」の中でいえば、「カネ」の面で貢献してきたが、昨今は、地域商社の設立や人材紹介業への参

入解禁もあり、「モノ」と「ヒト」の面でも貢献できる環境が整いつつある。

加えて、副業解禁を受け、都市で働く金融機関職員が、自身の出身地に戻り、リモート端末を利用して本来業務を行ないながら、地域のプロジェクトに手腕を発揮して地域貢献する、ということも考えられるのではないか。

●将来を見据え新たな長期資金調達等の取組を

金融機関の長期のファイナンスについて考えると、現在はカネ余りの状況であるが、本来であれば、15年を超える調達は大変なことである。そのような中、昨年ヨーロッパにおいて、邦銀が、カバードボンド（債権担保付き社債）[*6]により長期の調達を実施している。今後、法制度整備等によりカバードボンドを広く活用できるようになると、金融面で国債以外の資金循環も生まれ得ることになろう。

７ 人財育成等について

●課題解決へ向けた「人財」の重要性

課題の解決がなぜ進まないのか、解決へ向けた提案はどうすれば実行・実現されるのかについては、人財・ヒトがポイントとなるのではないか。

例えば、コレクティブインパクトを実行しようとする際、どのような人財が中心となって、どう進めていけばいいのか。また、官で行っていた事業を民で行おうとするとき、オペレーションの人財をどう確保していくのか。こういったことが、課題解決策実現にあたっての重要な要素となるのではないか。

民間企業でも、新規事業を行ったり、業務提携・経営統合・M&Aなど、新しい組織で事業に取り組んだりするときに、人の問題が一番重要となる。これができるかどうかで物事が決まると言っても過言ではなく、PPP/PFIだけでなく様々な分野でも課題となっている。

水道事業では、水道局の人にしかできない業務を民間に移す際、公務員の人事制度等もネックとなろう。新しい仕組みや制度を作るのも大事だが、これらを取り巻く既存の仕組みの見直しや、場合によっては規制緩和を併せて考えていくべきであ

---

*6 ヨーロッパを中心に発行されている債権担保付き社債の一種。発行体と担保の双方にリコース（＝ダブルリコース）が可能なことから、投資家からは安定的な金融商品と認識され、金融機関の長期資金調達等に活用されている。

ろう。

●**組織の枠を超えられる人財の育成を**

　先導的な取組を推進するためには、既成の組織の中で物事を進めることも重要だが、これまでとは全く違うクリエイティブでイノベーティブなマインドセットを持った人財が必要になる。ただ、この背後でネックとなるのが、日本の労働市場である。ニューヨークでは、大手証券会社を辞めた人財がNPO・社会的企業を始めるなど、横の流動性がある。素晴らしい連携を通じて先導的取組を実現するためには、組織の枠を超えて繋がっていける人財を確保し教育していくことが必要となろう。

第4章

各界代表識者が語る
官民連携の展開と展望
～「地方創生フォーラム」に
おける議論より～

DBJグループでは、「PFI法施行20周年企画」において、第3章で紹介した有識者会議での議論も踏まえて整理した総括提言内容（第1章）を基調題材に、地方創生フォーラム「今後の地域活性化へ向けた未来志向型の官民連携 〜 PFI法施行20周年を契機に新たなステージへ〜」を、2019年12月に開催した（図表75）。

　当フォーラムでは、各界を代表する皆様を講師・パネリストとしてお招きし、「第1部：PPP/PFI 20年の総括」及び「第2部：今後の地域活性化へ向けた未来志向型の官民連携」の二つを大きなテーマとして、数百名に及ぶ多くの聴衆の皆様の参加のもと、活発な議論を実施していただいたところである。

　本章では、PPP/PFIの意義やさらなる進化、また今後の地域創生全体を考える上で、第3章同様に多くの示唆に富む当フォーラムでの議論の概要について、紹介することとしたい。（※ 各登壇者の肩書は、開催当時のものである）

図表75　地方創生フォーラム開催概要

「今後の地域活性化へ向けた未来志向型の官民連携
〜 PFI法施行20周年を契機に新たなステージへ〜」

　・開催　　：2019年12月17日（火）
　・会場　　：日経ホール
　・共催　　：DBJ、日本経済研究所、(一財)日本経済研究所、価値総合研究所、
　　　　　　　(一財)北海道東北地域経済総合研究所
　・後援　　：内閣府、国土交通省、民間資金等活用事業推進機構
　・主催　　：日本経済新聞社

4-1 PPP/PFI 20年の総括

■ オープニング等

（日本政策投資銀行 代表取締役社長　渡辺 一 氏）

人財育成の推進が課題

　PFI法施行から20年の間に740件、6兆3,000億円のPFI事業が実施され、当行も法の施行や改正、具体的な事業の組み立てなどをサポートしてきた。

　この20年の大きな流れは、①事業内容の変化、②事業・施設の広域化・複合化、③PFIを推進する人財の重要性の高まりだ。特に人望あるリーダーがいないと事業は成り立たず、人財育成を官民で推進することが課題だ。

　これらを踏まえた活発な議論が行われることを期待している。

（JXTGホールディングス 名誉顧問／
　民間資金等活用事業推進機構 代表取締役会長　渡 文明 氏）

資金調達市場の形成支援

　真に必要な社会資本の整備と財政の健全化の両立が国家的な課題となっている。その解決策として、民間の資金やノウハウを活用できるPFIは有効だ。

　一方で、PFI推進の資金調達市場は十分に形成されておらず、事業が育っていない。

　当機構は、官民共同出資による初の本格的インフラファンドとして創設以降、国や自治体・民間事業者・金融機関などと連携して多種多様な事業を立ち上げ段階から支援し、リスクマネーを供給してきた。民間インフラファンドの形成にも取り組む他、自治体への情報提供等を積極的に行い、PFI事業の普及に努めている。今後も関係者と連携してPFIを盛り上げたい。

2 報告・提言

今後の地域活性化に向けた官民連携のさらなる活用のために
～ PFI法施行20周年を契機とした振り返りと新たなステージへの考察～

（日本政策投資銀行 地域企画部長・PPP/PFI推進センター長
　足立 慎一郎 氏）

一体で地域ビジョン推進を

　PFIの特徴は、設計から運営までの各フェーズを複数の民間事業者チームに一気通貫で任せることで、新たな付加価値を創出する点だ。民間と金融機関によるプロジェクト全体のマネジメントが行われ、おのおのが最適なリスク分担をする。従来と同じ質で低廉な、あるいは同じ金額で良質なサービスを提供でき、VFM（バリューフォーマネー）が生まれる点も大きい。

　この20年間で二つの大きな流れがあった。まず「ステージ1」は、公共施設の整備・維持管理で成果を上げたフェーズだ。日本型のPFIとして着実に浸透していき、多様なPPP（官民パートナーシップ）へと展開した。個別の施設だけでなく公共施設全体やまちづくりに活用していく動きも生まれた。

　「ステージ2」への転換点は、2011年のPFI法改正だ。老朽化インフラ更新対応の必要性などから、官民連携を通じて経営マネジメントを導入・実践する方向へ舵が切られ、コンセッション方式が導入された。民間ノウハウの活用により、トップラインの伸長、ボトムライン悪化の緩和などへ道が開かれた。

　一方で、①約8割の自治体がPFI未実施、②インフラの課題解決への活用不足、③民間ICT（情報通信技術）等の新技術導入、といった課題も出てきた。今後は、多様な官民連携の適切な活用が重要になっていくだろう。

　地域のマイナス課題が深刻化する中、ICT進展やインバウンドなどプラスの環境を活かすことが大切だ。個々の自治体で取り組むには限界があり、協働で地域の経営・マネジメントを進化させて面・複合・広域的に実施する新たなステージへ入る必要がある。そのためにも、地域の関係者が一体で企画・検討・実践する「地域ビ

ジョン推進プラットフォーム」とリーダーシップ人財の形成が重要だ。

３ イギリスにおけるPPP/PFIの経験・方向性と日本へのメッセージ（全文）

（The head of Infrastructure Delivery
at the Infrastructure and Projects Authority（IPA）
Non Executive Director of Local Partnerships
Stephen Dance 氏）

はじめに

　東京の皆様、こんにちは。IPAでインフラ案件実行支援の部門長を務めるスティーヴン・ダンスと申します。私はこれまで20年以上にわたり、イギリス政府のプロジェクト実行支援に深く関わってきました。最初に、民間部門の立場からキャリアをスタートし、その後、イギリス政府のPFI推進機関に当たる「Partnerships UK（IPAの前身）」に移り、2010年からはイギリス財務省傘下のIPAに勤務しています。

　私はまた、イギリス財務省とイギリス地方自治体協議会が50%ずつ出資し、イギリス地方政府に対しPPPプロジェクトに係る専門的な助言を行う機関「ローカルパートナーシップ」の役員も務めています。本日は残念ながらフォーラムに参加できませんが、ここイギリスでのPPP/PFIプロジェクトの経験をお話ししたいと思います。

　さて、本日のフォーラムでは、日本におけるPFIの20年の歩みについて振り返るとともに、PPP/PFIの未来について、様々な分野の専門家やプロフェッショナルの皆様が議論を交わされると伺っています。

　私はこれまで、イギリスでも同じような議論の場に参加してきました。本日のフォーラムは、これまでのPPPにおける教訓を活かし、日本の経済環境・社会環境の変化を踏まえつつ，これから日本独自のPPPモデルを進化・発展させていく上で、極めて重要な機会となるでしょう。

IPAについて

　私が所属するIPAは、イギリス政府内の組織であり、イギリス財務大臣とイギリ

ス内閣府担当大臣の所管下にあります。IPAは、政府におけるプロジェクト実行支援の中核専門機関です。IPAの目的は、インフラや主要プロジェクトの実施の在り方を継続的に見直し、政府の優先施策の実現やより良い市民生活を実現することです。

　IPAは、すべてのセクターの官民連携プロジェクトに関わっています。具体的には、一般的なインフラのみならず、国防や業務改革といった分野にも関与しています。

　私たちは、政府部門が自信を持ってプロジェクトを推進できるように、（プロジェクトの妥当性を第三者機関として）保証（provide assurance）します。IPAには、インフラ・ファイナンス・案件実行支援といった分野の専門家チームがあり、大規模なプロジェクトやプログラムに対して直接的にサポートしております。

　イギリスにおけるインフラ分野で新設・更新投資が予定されている案件は、昨年末時点の発表で、今後10年間で約6,000億ポンド（約86兆円）と見込まれています。民間投資はそのうちの約50%を占めるほど、金額面でも重要です。主な成功事例として、例えば最近竣工（2017年10月開通）したMersey Gateway Bridgeが挙げられます（図表76）。

図表76　Mersey Gateway Bridge

出所：IPA提供

専門能力の構築

（プロジェクトを企画・立案・発注する）官側は、民間の投資家と渡り合えるような能力とキャパシティを備えた、「優れた発注者」であることが大切です。

言い換えれば、官側において、ファイナンス・技術・ビジネス面でのスキルや経験を向上させ、民間の投資家や建設会社などとしっかりと対話できることが重要と言えます。

イギリスでの初期のPFIにおいて、イギリス政府は、"財務省タスクフォース"として知られる小さな専門部隊を立ち上げ、大規模かつ複雑なPFIプロジェクトに助言してきました。この組織は、2000年に官民連携の"Partnerships UK"に再編されました。"Partnerships UK"には、政府（財務省）が49%、民間が51%を出資しておりました。その使命は、幅広いPPP及びPFIプロジェクトに、ファイナンス・ビジネス・技術面での専門的な助言を提供することにありました。"Partnerships UK"は（官ではなく）民間であったことから、民間並みの給与水準を設定することにより非常に優秀な人財を採用・確保できました。

大規模なプロジェクトへの専門的助言に加え、"Partnerships UK"では、PFI契約における契約書の標準化とひな型からの逸脱などを厳格に管理することも責務としてきました。PFIが、個々の案件に応じて契約が作成されるということではなく、いわばコモディティとなる上で重要な点でした。また、"Partnerships UK"は、イギリス地方政府が発注するような小規模案件も数多く支援してきました。現在、この役割は、"ローカルパートナーシップ"が引き継いでいます。

IPAは、イギリス政府全体におけるプロジェクトファイナンスの専門性をリードし、イギリス政府のプロジェクト実行能力の向上に努めています。IPAは、世界レベルのリーダーシップ研修プログラムを提供しており、プロジェクト実施システムの指針を定めています。具体的には、オックスフォード大学・サイード・ビジネススクールと共同して、「重要プロジェクト・リーダーシップアカデミー」を運営しております。

イギリス政府のPPP/PFI案件に関する政策は、イギリス財務大臣の所管であり、イギリス財務省によって監督されています。IPAの役割は、政府の政策に合わせて、民間投資の拡大について、専門的な助言を行うことです。

PPPの第1号プロジェクトは、1990年代初頭に始まり、その後の10年間、PFIは着実に増加しました。この間、約700件のPFI事業が成立しました。現在実施中の事業も数多くあります。

　イギリスでPFIの手法が主に用いられているのは、健康・防衛・教育・運輸分野です。それ以外の分野では、街灯整備や廃棄物処理、刑務所、図書館、消防署などにも活用されています。民間によって設計・建設・資金調達・維持管理されているPFI案件の好事例として、ロンドンのM25環状道路が挙げられます（図表77）。

　PFIのメリットとして認識された点は、民間に対し、より低いLCC（ライフサイクルコスト）で公共サービスを提供するインセンティブを与えられることと、プロジェクトの設計、建設、その後の維持管理の各段階において、ファイナンス、技術及びビジネス面で規律付けることにより、高コストの民間の資金調達を上回るコスト削減効果が得られることにあります。

　多くのプロジェクトが期待した効果を実現できたと思われる一方で、中には有名な失敗事例や、イギリス会計検査院による報告では、長期的なVFMに疑問符を付け

図表77　M25環状道路

出所：IPA提供

られることもありました。

2000年代から2010年代以降にかけて、PPP/PFIは急激に減少しました。その後、2012年に見直しを経てPF2（Private Finance Two）に改名されましたが、PF2は6回しか使われておらず、2016年以降は使用されていません。

現在の状況

財務大臣は、2018年予算案（に係る講演）において、政府が新規のPFI/PF2案件を実施しないと発表しました。そして、政府は、PFI/PF2に代わる施策を模索するのではなく、民間投資を活用する方針を打ち出しました。この政府の判断について説明します。

まず、イギリス予算責任局は、PFIを「財政リスク」、つまり、政府債務を実際よりも小さく見せる"イリュージョン"だと見なしたのです。

第2に、個々のPFI/PF2の契約は、契約期間が長期にわたるという性格や、事業期間における公的ニーズの変化への対応にかかる柔軟性の欠如などから、問題を引き起こしました。イギリス政府は、30年以上にわたってPFI/PF2が公共サービスの提供に果たしてきた役割を認識しながらも、PFI/PF2モデルの継続利用がもはや最善策ではないと判断したのです。

PPPを成功させるための重要事項

今後、日本がPPP/PFIの活用を広げていくのであれば、イギリスの経験からいくつかの教訓を得られるでしょう。

第1に、PPP/PFIは、あらゆる案件、あらゆる状況にも適するものではないということを認識する必要があります。個別の案件やプログラムに応じて、PPP/PFIが適した手法なのかどうか評価することが重要です。

第2に、契約期間全体を通して、成果が要求水準に達し得るかどうか見極めが重要です。このことは、将来の事業環境変化への対応の柔軟性も含まれます。

第3に、民間が官の便益を満たした場合に適切に報いられるよう、契約構造とインセンティブ・メカニズムが官民の利益と整合することを確実にしなければなりません。そして勿論、PPP/PFIと他の調達方法とを比較してVFMを判断しなければ

なりません。例えば、指定された成果水準や価格、他の契約要素とのバランスを取る必要があるかもしれません。

イギリスにおけるPPPの未来

　イギリス政府では最近、将来にわたりインフラ投資を最適にサポートするためにはどのような方法があるのか、検討を始めました。イギリス全土から専門家を集め、抱えている問題や将来の課題、対処方法などについて議論しています。

　私が言えることは、公共的なプロジェクトやサービスの実施にあたって、官民連携の効果的な活用は、引き続き、世界共通で非常に重要だということです。

　イギリスでの経験を踏まえると、PPPはさらに進化する必要があります。官民は、双方の利益が合致する方法を、より入念に検討していく必要があるでしょう。

　高齢化社会、インフラの老朽化など、日本は様々な深刻な課題に直面されていると存じますが、日本とイギリスが教訓や新たなアイデアを共有することを通じて、困難な課題に対して協力し合っていけることを願っています。フォーラムのご盛会をお祈りします。

◼4　我が国PPP/PFI　20年の展開と今後の展望

　◆ パネリスト
　・アンダーソン・毛利・友常法律事務所 パートナー 弁護士　赤羽 貴 氏
　・日本経済研究所 公共デザイン本部公共マネジメント部長　足立 文 氏
　・エヌ・ティ・ティ・データ 取締役常務執行役員　竹内 俊一 氏
　・民間資金等活用事業推進機構 代表取締役社長　半田 容章 氏
　・三井住友銀行 理事 ホールセール部門統括責任役員補佐　百留 一浩 氏
　・富山市長　森 雅志 氏
　◆ モデレーター
　・パシフィックコンサルタンツ株式会社 技術顧問／東北大学 名誉教授／東京都
　　市大学 名誉教授／民間資金等活用事業推進機構 社外取締役　宮本 和明 氏

国の調達制度に
柔軟性必要(赤羽 氏)

官民の役割分担が
大きく変化(足立 氏)

高度化する社会課題
にも対応 (竹内 氏)

小さな自治体も
PFI活用を (半田 氏)

専門部署で新スキー
ムを検討 (百留 氏)

PFIで魅力的な
提案を享受 (森 氏)

インフラ分野への
事業展開を(宮本 氏)

数度の法改正を重ねて進化を遂げたPFI法

宮本 氏

　それぞれPPP/PFI分野での取組やその成果について紹介いただきたい。

森 氏

　富山市では、PPP/PFI含めて11事業を実施しており、学校の統合や斎場の整備などを手掛けてきた。公共交通を軸とした拠点集中型のコンパクトなまちづくりにも取り組んでおり、市内電車の環状線化事業では、施設整備と車両を市が保有し、それを民間事業者に貸すという日本初の上下分離方式を導入した。結果、6年連続で平均地価が上昇し、居住推進地区内は年々人口が増えている。

竹内 氏

　当社は、自治体のデータセンターの設立・運営や、病院・ケーブルテレビ・公立図書館の運営など、PFI事業に約20年携わってきた。PFI法施行後は、官庁との契約が長期契約になり、設計・建設・維持を一括して見られるようになった。特に性能発注では、民間の知恵をいろいろ出し合い、人の代わりに機械やロボットを活用するなど新たなサービスを生み出せるので、非常にメリットが大きい。

百留 氏

　PFI法施行後の前半10年間、当行は、庁舎や公共住宅などサービス購入型のPFI事業案件が中心だった。その後10年は、コンセッション案件が増加し、事業計画の策定や評価のファイナンススキームで専門性が高い技術が要求されるようになった。最近は、行内に官民連携を含めて新たな金融の仕組みを検討する専門部署を設置。ソーシャルインパクトボンドなどのスキームの取組も開始した。

半田 氏

　我々は、6年前に設立された官民ファンドだ。空港や道路などの大規模インフラだけでなく、身近な公共施設を含めた幅広い分野に取り組んできた。まだPPP/PFIを実施したことがない自治体は約8割と多いが、「PFI事業は財政負担軽減に効果があった」と84％が答えた内閣府のデータもある。小さな自治体や小さな案件でも官民連携を活用できることを伝えていきたい。

赤羽 氏

　私は、PFI法の施行前後からPFIのプロジェクトに関わり、400件超の案件に

リーガルアドバイザーとして参画してきた。PFI法は、行政財産の利用やコンセッション制度の導入など、使い勝手を良くするために改正を重ねられてきた法律だ。適正なリスク分担を規定するため、法施行後は契約の在り方や当事者の考え方も大きく変わってきたのが特徴だ。

足立 氏

当社は、公共団体がPPP/PFIを導入する際のアドバイザーとして支援してきた。この20年で、PPP/PFIは様々な課題やニーズに合わせて進化した。大きな効果としては、①VFMの達成、②リスク分担を官民が事前に検討するようになった、③パッケージで任せることで官民ともにマネジメントの視点から事業分析できるようになった、の3点が挙げられる。

官のリーダー力が重要、人財育成も大きな課題

宮本 氏

今後PPP/PFIを推進するための課題や対応策はどういったものがあるか。

森 氏

富山市では、財政上のメリットであるVFMは間違いなく出ている。また、PFIによって地元以外の事業者からも魅力的な建築物のデザインや設計を提案してもらいやすくなった。一方で、最近課題に感じたのは、PFI法6条に基づき、橋の改修とメンテナンスについて民間のコンサルタントから提案があったが、回答のために必要な調査や予算捻出に苦慮している。

竹内 氏

当社は、株主への説明責任があるため、ある程度の事業性の担保が必要だが、特に公共設備においては情報開示が十分できていないものがあり、事業のフィージビリティーの判断が難しい。また、長期契約によって長い期間にわたり事業を見ることはできるが、近年の技術革新のスピードは非常に速いため、要件定義の中を見直すような柔軟な契約体系を提案したい。

百留 氏

官と民で、適切なリスク分担をどのように詰めていくかが非常に重要だ。さらに、個別案件では様々なパターンが出てくるが、これらの共有化・標準化も課題

となる。事業分野ごとにモデルケースを示してノウハウを横展開したり、VFMの効果を具体的に示したりすることが必要だ。事業を成立させるために、PFIに精通する人財を地域で育成することも重要だ。

半田 氏

　PFIを多くの自治体に広げていくには、首長のリーダーシップ及び職員の意識の両輪が必要。首長会議や地域プラットフォームなどの場で、首長や職員が様々な方法や事例を学ぶことで大きな効果が得られるのではないか。また、後継者不足や労働力不足で企業の廃業が進む中、意欲ある企業を残すにはPPP/PFIの手法は非常に効果があると考える。

赤羽 氏

　人口減少下のインフラ維持のため、バンドリング・広域化がますます必要になっていく。官と官のみで広域化するのではなく、民間に一定の受託をさせ、事実上のマーケットを広げることによってインフラサービスを効率的に提供していく考え方もできるのではないか。ただし、任せっ放しでは海外の事例のようにマネジメントできなくなる懸念があるので、公共サイドがしっかり監督していくという視点が必要だ。

足立 氏

　公有資産マネジメントが進められたことで、①現状や課題の見える化、②公共施設全体の俯瞰、③全体の方向性を持って個々の事業を進行する、という三つの変化が生じた。それにより、優先順位付けや取捨選択などを行わないと公共サービスの提供は難しくなった。事業を構築する力や企画力があるリーダーシップ人財を行政の中に育成していくことも重要だろう。

インフラ維持に不可欠、道路分野にも期待大

宮本 氏

　PPP/PFIに対する今後の期待を伺いたい。

森 氏

　PPP/PFIは、基礎自治体としても検討の価値が十分高いと考える。全国に卸売市場を持つ自治体は多いが、取扱量が大幅に減少しておりシュリンクせざるを

得ない。この広大な市場の活用や農業集落排水事業、橋や道路の長期にわたるメンテナンスについてもご提案いただければありがたい。

竹内 氏

　PPP/PFI事業の終局は、持続的な公共サービスの提供であると認識している。PPP/PFI事業は、行政側が持つ様々な社会的課題と、民間事業者の持つノウハウや知を活用し、より高い市民サービスの提供に貢献できる良い仕組みだ。先々社会課題がより複雑・高度化するので、さらに活用の機会が増えてくると期待している。

百留 氏

　昨今、地域商社の設立や人財紹介業などが銀行にも解禁され、様々な形で貢献できる環境が整いつつある。副業解禁の動きもあり、例えば都市で働く銀行員がリモート端末を利用して銀行業務を行いながら、地域のプロジェクトで手腕を発揮したり出身地に貢献したりすることもあり得る。こういった役割の発展も見据え、未来志向の官民連携に貢献していきたい。

半田 氏

　今後PPP/PFIの中心になる事業分野は、上下水道・エネルギーなどのインフラ分野だ。これらは今後の更新需要が大きな額になるため、民間の力を活用することで非常に良いインフラの維持・更新が可能になるのではないかと思う。一方で、従来型のハコモノといわれる病院や庁舎などの成果も着実に出ており、再度光を当てるべきだ。

赤羽 氏

　PPP/PFIを展開できる分野の一つが道路だ。地方道路公社の有料道路案件はあるが、まだ横展開が進んでいない。海外では有料道路がPPP/PFIの一大分野なので、日本でも期待したい。また、全般的に国や地方の調達制度の根本が何十年も変わっていないので、PFI法の改正などで風穴をあけもう少し柔軟性・効率性を高めていくことも必要だ。

足立 氏

　公有資産マネジメントを進める中で、官と民の役割分担の考え方がかなり変わったと感じる。単に施設単体の更新を考えるのではなく、地域の課題や将来像を踏まえ、個々の事業の位置付けを考えた上で立案していく必要がある。そのた

めには「地域ビジョン推進プラットフォーム」のような場で、課題を整理して共
有し、官・民・金と市民が議論することが必要だ。これにより人財が育成され、
公共の企画力と民間の提案力、金融機関のコーディネート力が増し、地域全体の
力が上がる。

宮本 氏

多くの前向きな意見を伺った。PPP/PFIは、これまでの事業の推進とともに、新
たなまちづくりのドライバーとして発展させることだ。インフラ分野へも個々の事
業特性に合わせた展開が必要だ。未実施の自治体には実績を示して説明すること
と、内閣府などの各種支援策やプラットフォームが最初の一歩に繋がると思う。

5 総括等

（内閣府 大臣官房審議官 兼

民間資金等活用事業推進室長 石川 卓弥 氏）

地方創生への寄与大

PFI事業は、企画設計の段階から将来の運営を見越して民
間事業者に任せることで、地方創生に大きく寄与する。費用を約20％削減できると
いう統計もある。内閣府は、官民連携を進める司令塔としてアクションプランを毎
年定め、自治体の事業を支援するための各種ガイドラインを公表している。質問・
要望に応えるワンストップ窓口も運用しているので気軽に相談していただきたい。

（日本経済研究所 代表取締役社長 髙橋 洋 氏）

20年間の総括と課題

第1部では、イギリスに倣って導入したPFIが20年の間に
進化したという報告があった。続くパネル討論では、行政側
の企画力の向上、民間企業の技術やノウハウの活用、金融機関のリスク負担機能、
公共インフラ整備やPFI推進人財の問題について興味深い議論が展開された。

4-2 今後の地域活性化へ向けた未来志向型の官民連携

1 オープニング等

（内閣府特命担当大臣（地方創生、規制改革）
まち・ひと・しごと創生担当　北村 誠吾 氏）

地域再生法を改正

　PFIは、財政健全化、地方創生、地域経済活性化に大きく
寄与するものであり、各地でPFIの取組が進み、累計740件となった。臨時国会で
は地域再生法を改正し、各地域の未利用の公的不動産が有効活用されるよう、
PPP/PFI事業に取り組む自治体を支援する制度を設けた。

　地方創生は安倍内閣の最重要政策の一つであり、まち・ひと・しごと創生総合戦
略を策定し、地方への新しい人の流れづくり等に取り組んでいる。

　2019年度は第1期総合戦略5カ年の最終年度に当たり、次の5カ年の展開に向けて
第2期総合戦略を策定し、政府一丸で地方創生を推進していく。

（（一財）日本経済研究所 理事長　柳 正憲 氏）

官民連携を議論

　日本政策投資銀行グループは、法律や制度制定への協力な
ど施行前からPFIに関わってきた。自治体へのコンサルタン
ト、プロジェクトへの投融資に加え、2011年の法改正後からは空港のコンセッショ
ンで事業主体として参加しており、官民連携の進展をうれしく思っている。第2部
では、地域活性化をさらに進展させるために未来志向型の官民連携について議論を
していく。

2 今後の地方創生に求められる視点

（東京大学公共政策大学院 客員教授／野村総合研究所 顧問
／第2期「まち・ひと・しごと創生総合戦略」策定に
関する有識者会議 座長　増田 寛也 氏）

変化に対応できる社会

　2040年へ向けた地方の最重要課題は、人口減少・少子高齢化であり、解決のためには国土構造の変革が大事である。

　2014年に公布されたまち・ひと・しごと創生法の目的は、人口減少に歯止め、東京圏への人口の過度の集中を是正、各地域で住みやすい環境を確保、の三つ。地方では人口の社会増獲得が中心になっているが、人口減少を緩やかにする政策も考えるべきだ。地方創生は5年経過したが、短絡的な人口の奪い合いや中枢都市の危機意識の低さ、地方創生交付金目当ても目立つ。また、債務残高の累積や将来世代への先送り、一人世帯が増加し社会的孤立度が高いことも課題だ。これらは地方だけでなく都市部の問題でもあり、オールジャパンで答えを見つけていくべきだ。

　地方創生第1期では、地方の若者の就業率、訪日外国人旅行者数、農林水産物・食品輸出額は増加傾向で一定の成果が見られるが、東京圏への転入超過数は増加しており、さらなる取組が必要だ。東京は世界から人財を集めて競争力をつけ、地方は東京に依存しない構造をつくることが重要だ。

　第2期では、地方の関係人口の創出・拡大など地方へのひと・資金の流れの強化、Society5.0や持続可能な開発目標（SDGs）実現に向けた新しい時代の流れ、女性や外国人が活躍できるダイバーシティの実現等が新たな視点だ。地方のどこにいても、遠隔で医療や教育が受けられる社会の実現には期待している。

　世阿弥の用いた「初心」という言葉には、「古い自己を断ち切り、新たな自己として生まれ変わらなければならない」という意味がある、と能楽師の安田登氏は述べている。これは地方創生にも当てはまる。変化に柔軟に対応できる地域がこれからは生き続けるだろう。

③ 未来志向型のまちづくり

（東洋大学 教授／慶応義塾大学 名誉教授／
未来投資会議有識者議員　竹中 平蔵 氏）

スーパーシティ実現へ

　第4次産業革命の時代では、人工知能（AI）、ビッグデー
タ、あらゆるモノがネットに繋がる「IoT」、ロボット、シェアリングエコノミーを組み合わせた様々な動きが起こっている。例えば、中国の電子商取引（EC）最大手はリアルタイムのビッグデータにAIを絡め、交通信号の最適化を行うことで交通渋滞2割減を実現。今は都市空間の運営そのものをビッグデータとAIで行える時代になっている。

　日本企業は自動車やセンサーなどの優れた技術を有しているが、経済活性化に活かされているとは言い難い。提案として「スーパーシティ構想」がある。地域の規制を緩和し、自動走行や遠隔治療・遠隔教育ができる街づくりだ。

　実現に重要なのは住民の合意。住民の意志で政令・省令を上書きする仕組みで、規制を設けている省庁側に説明責任が移転する。首長のリーダーシップ、住民のコンセンサスを得るような議会の同意、そして企業の存在が重要で、これをまとめる力が自治体に求められる。世界を見ると、ドバイやシンガポール、中国の雄安で既に未来都市づくりが始まっている。

　関西国際空港や仙台空港は、公共施設の運営を民間に委託するコンセッション方式で運営されている。関空はかつて赤字だったが、2016年にオリックスとフランスのヴァンシ・エアポートという空港運営会社が共同で引き受けたことで様変わりし、今は黒字を計上。利点は、民間企業と地元企業が活性化、民間が得意な質の良いサービスにより格安航空会社の利用客が増加、資産額が増えて新たなインフラ投資や住民サービスが可能になること。この成功事例を受けて福岡や高松、新千歳空港でも同じ動きが始まりつつある。コンセッションというミクロの成功事例をどうマクロ化していくかも重要な課題である。

④ 令和新時代への挑戦

（鳥取県知事　平井 伸治 氏）

全国に先駆けた挑戦で活力

　鳥取は、「スタバはないけどスナバはある」というキャッチコピーが話題になり、広告費30万円で約34億円の広告効果を生んだ。隣接する島根県との連携では、「鳥取は島根の右側です！」というTシャツも作った。また、鳥取県民参画条例を制定。これは全国で初の住民投票ができる条例だ。予算編成作業のムダ削減により、残業時間大幅減も実現。岡山県との連携で行った情報セキュリティのクラウド共同化は、7億6,000万円のコスト削減効果があった。

　官民連携では、全国初の公営の水力発電所整備・運営をコンセッションに出す計画だ。他にも、星空を守るための「鳥取県星空保全条例」「手話言語条例」など全国に先駆けた条例を制定した。中山間地での保育料全額無料により移住者が増え、住みたい田舎として注目されている。観光では、著名な漫画家創出県であることを前面に出し、空港名を米子鬼太郎空港、鳥取砂丘コナン空港に改名。妖怪のブロンズ像が並ぶ水木しげるロードも好評で、国内外から年間約300万人の観光客が訪れている。

　鳥取県は、2018年まで韓国からのインバウンドが半分以上を占めていたが、日韓関係悪化の影響を受け減少した。今後は中国、台湾、欧米からのインバウンドを伸ばすため多角化を検討中だ。2011年にはアジア・クルーズ・ターミナル協会に加盟し、クルーズ客船寄港も増加し、海外での認知度も上がっている。農産物では、全国和牛能力共進会宮城大会で肉質1位に選ばれた和牛の他、ブランド梨、水揚げ量日本一のカニを積極的にアピールしていく。

⑤ 地域の持続的な成長・活性化へ向けて

◆ パネリスト
・三菱総合研究所 政策·経済研究センター長・チーフエコノミスト　武田 洋子 氏
・東京工業大学環境·社会理工学院融合理工学系 教授　花岡 伸也 氏
・鳥取県知事　平井 伸治 氏

・名古屋銀行 取締役頭取　藤原 一朗 氏
・前・せとうち観光推進機構 事業本部長
（大正大学 地域構想研究所 教授）　村橋 克則 氏
◆ モデレーター
・経済キャスター（NHK・BSニュースキャスター）　阪田 陽子 氏

日本の選択率上げる
工夫を　　（武田 氏）

MaaSや自動運転
に期待　　（花岡 氏）

リピートの仕掛け
づくりを（藤原 氏）

住民含め地域一丸で
魅力向上（村橋 氏）

様々な視点持つ人財
育成がカギ(阪田 氏)

地域におけるインバウンドの課題

阪田 氏

　地域活性化に向けた官民連携の進化を考える上でインバウンドを取り上げたい。インバウンドは地域の成長・活性化に大きな効果をもたらし、官民双方の強みを発揮しやすいなどの利点がある。

　観光庁の2019年版観光白書によると、2018年の世界の旅行者数は約14億人に増加。地域別ではヨーロッパが約半数を占めるものの、アジア太平洋地域が10年前と比べ4％増えている。インバウンドは2018年に3,119万人まで増加し、2030年には6,000万人という目標が設定された。また、日本の地方へのインバウンドも増加し、岐阜・宮城・島根は前年比で50％を超す高い伸び率を見せている。訪日前の期待を聞いたアンケートでは、ショッピング等のモノ消費からスキーや温泉などのコト消費への関心が高まっていることもわかった。それでは、地域におけるインバウンドの課題についてお話しいただきたい。

武田 氏

　インバウンド増加の要因は、アジア各国の所得水準の上昇と、旅行先として日本を選ぶ選択率が上昇したことが挙げられる。当社が分析対象とした主要19カ国による選択率は、2005年から2012年までは1％前後とほぼ横ばいだったが、2018年には3.1％まで上昇した。ただし将来の予測が2倍、3倍になるかは楽観視できない。選択率が頭打ちにならないよう、日本を選んでもらうことが重要だ。

　観光に訪れる場所と距離には明確な関係があり、遠方に住む人を引き付ける力がまだ弱い。数だけでなく消費を増やすという意味でもポテンシャルはある。豊かになったアジアからのインバウンドに、どのように高付加価値のサービスを提供するかも課題だ。

平井 氏

　国内の観光地の現状を見ると、東京・京都の人気が圧倒的に高く、北海道・沖縄・九州がそれに続いている。中国・四国・東北はまだ弱いが、山陰で盛り上げマグロのように日本を回遊してもらうことをめざしている。遠方からの客は滞在型が多いため、例えば地方のリゾートなどを組み合わせるなど策はある。

村橋 氏

　せとうち観光推進機構は、7県と地方銀行を中心とした広域連携DMO（観光地経営組織）で、瀬戸内の魅力発信と誘客が役割だ。瀬戸内ブランドの確立による地方創生の実現をミッションとし、すべての活動が住民の満足に繋がるよう設計した。

　30年近く観光に携わったが、観光振興が必ずしも地域の中で歓迎されない例も見てきた。今後は、住んでよし・訪れてよしの観光地域づくりが必要になる。観光は、地域経済への貢献、新しい商品・サービスをつくる機運の高まり、雇用創出、社会インフラ整備による利便性や生活の質の向上等のメリットがある。また、地域の文化・産業・自然・住民のプライド醸成にも繋がる。

　民の力でもうかる観光を実現し、インフラ整備は行政が行い、官民連携、地域一丸の地域創生が大事である。観光はビジター産業で、かつ無形性が高いという難しさがある。また、移動や見物という時間消費型産業で、地元にお金が落ちにくい。換金化できる商品も必要だ。

花岡 氏

　インバウンドは中国・韓国・台湾・香港からが約4分の3を占め、利用空港は、成田・羽田・関西国際・中部・福岡・新千歳・那覇が中心で、地方空港はあまり利用されていない。需要との関係から、大型の機材で国際線の直行便を地方空港に飛ばす難しさもあるため、中型機材に見合う需要では飛行距離が短い東アジアに偏ってしまう。また、これからは地方空港の活用に加え、インバウンドに周遊してもらい地方を活性化することも大事になる。

藤原 氏

　名古屋銀行は、中国にも支店を持つ数少ない地方銀行だ。愛知県はものづくり、特に自動車産業を中心に海外進出している中小企業が数多くあるため、海外業務を行っている。

　愛知県は工場が多く、在留外国人数も東京都に次いで2番目。中部国際空港（セントレア）もインバウンドブームで右肩上がりだ。東海地区は道路交通網が整備され、他県への移動が便利だ。東京と違って渋滞が少ないため、京都や富士山、白川郷など観光地へのアクセスも良い。一方で、「名古屋飛ばし」という言葉もあるように、愛知県には観光客が立ち寄らないという課題もある。

セントレアの訪日ビジネス客の割合は、羽田に次いで2番目に高く、利用客の約25％を占める。訪日ビジネス客は、滞在期間が長く消費額も多いのが特徴だ。ビジネス客を長期滞在型のインバウンドと捉えれば策はあると考える。

周遊化など推進で観光客を獲得

阪田 氏

　インバウンドの課題解決について聞きたい。

武田 氏

　インバウンドに限らず、中長期の地域の課題解決には技術の活用が不可欠だ。インバウンドの一番のハードルは言葉の壁だが、自動通訳などの技術で解消できる。アジアの多くの国でキャッシュレス比率が高くなっているため、キャッシュレス決済も必須だ。次世代型移動サービス「MaaS（マース）」もポテンシャルがある。観光客に限らず、地元の高齢者にとっても自由に移動ができることは満足度向上に繋がる。さらに、点から面への取組に広げることも大事。都道府県の壁や、官と民の壁を取り払い、連携することが課題解決に繋がる。

平井 氏

　点から面への具体例では、島根と鳥取が連携しホームページや動画を作成した。欧米からのアクセスも増え、再生回数は約900万回に上る。瀬戸内と山陰が連携してサイクリングルートをPRするなど、面で展開をしないと本当の意味での日本のファンをつくれない。また、住民を巻き込むことも大切だ。水木しげるロードは、商店街の最初の反応は鈍かったが、ブロンズ像が盗まれたことをきっかけに話題になり、妖怪のブロンズ像も増え続けている。

村橋 氏

　2度、3度訪れブランド価値向上に貢献してくれる客を見極め、継続的に獲得していくことが課題解決に繋がる。我々は、欧米の異文化好奇心の高い知的旅行者にフォーカスしている。彼らは旅行消費額が大きく滞在期間も長い。瀬戸内の有名観光地からもう一歩踏み込んだ旅行ツアーを提案した。広島と宮城が連携し、直行便を利用した周遊も推している。欧米のメディアで瀬戸内が取り上げられるなど、成果は出ている。

　また、旅行消費額を上げるために、新しい商品・サービスが地域の中で生まれ続ける仕組みを持つことも大事だ。事業者向けの「せとうちDMOメンバーズ」や瀬戸内ブランド登録制度、おみやげコンクールも行い、年1回の住民満足度調査では満足度は70％強となっている。

MaaSなど新技術を取り入れる

花岡 氏

　地方に人を動かす方法は、複数の運輸関係の企業が合同会社をつくり検討しているところだ。MaaSが実現すれば、交通機関の枠を超えて予約・決済が可能になる。例えば、スマートフォンで「鳥取に行きたい。どうすればいい？」と聞けば、検索から予約まで簡単にできる時代が来る。

　テーマの一つでもある官民連携では、官が地域をどう発信し、どう地域連携するかも大事。首長には、自分の県や市だけではなく地域にとっての最適化を考えてほしい。

　車の自動運転の実験は進んでいて、道路交通法の適用外である空港内での自動運転化は実現が早いと考える。ただし、地方の自動運転化には準備が必要だ。近い将来、自動運転のための大きなインフラ投資が必要になるかもしれない。人の位置情報を活用する技術は進歩しているため、観光地への誘客にどう繋げるかといった分析は可能な状況にある。

藤原 氏

　名古屋では、産業観光という概念で様々な産業施設の観光地化を推進している。例えば、工場見学はシニアに人気がある。貴重な戦力となっている外国人の技能実習生の福利厚生の充実も図りたい。語学の習得学校、メンター制度などを産学官金連携で行う。PPP/PFIもうまく絡められるだろう。技能実習生が各国に戻り技術を活かして成功すれば、富裕層となって日本を訪れる良い循環も生れる。絆づくりをしてリピートの仕掛けをつくることが大事である。

　私は16年前に東京から愛知に移住したが、物価が安く通勤ラッシュも少なく、自然が豊かで農水産物が豊富だ。教育水準が高く教育費が安いのもメリット。将来リニア中央新幹線が開通すると、品川―名古屋間がわずか40分で結ばれる。都

会から地方へ移住者を呼び込むことも解決策の一つではないか。

阪田 氏

　インバウンドを題材に、進化した官民連携について有意義な議論ができた。各パネリストからは、周遊化など官民連携による点在インフラの面的な活用、MaaSなど新技術と官民連携を掛け合わせた相乗効果の創出、官民連携におけるターゲット層の複眼的捉え方や長期的取組などが重要な点として挙げられた。また、官民連携では、様々な視点を持ち柔軟に対応できる人財育成もカギになると思われる。

6 総括

（内閣府 地方創生推進事務局 内閣審議官

（現・国土交通省 国土政策局長）中原 淳 氏）

官民連携で地方創生

　先の臨時国会で、小中高の廃校の有効活用を念頭に地域再生法を改正し、地方創生推進交付金を活用して、市町村がPFI推進機構にPPP/PFIの相談ができる仕組みを創設した。今後は、公的不動産の有効活用等で制度の着実な実施に努めていく。また、各講演でも紹介のあった第2期まち・ひと・しごと創生総合戦略における新たな視点や、スーパーシティ実現等、官民連携を柱に推進していく。

出所：2020年2月24日付 日本経済新聞 朝刊 採録広告特集等をもとにDBJ作成

第5章

未来志向型官民連携の実践へ向けて

~ウィズ・コロナ時代の
社会課題解決を見据えて~

本最終章では、第1章で問題提起した未来志向型官民連携を対象に、その「実践」へ向け必要となる視点や取組について具体的に検討していきたい。

　既に周知のとおり、2020年に入って以降の新型コロナウイルスの世界的な感染拡大により、我が国においても、経済・産業・地域が大きな影響を受けた他、人々の暮らしや働き方への意識などにも大きな変化が生まれている。

　これらの状況も踏まえた上で、第1章で提示したいくつかの想定分野などを題材に、「ウィズ・コロナ」時代の地域課題解決・社会課題解決を見据えた未来志向型官民連携の在り方について、考察してみることとしたい。

5-1 「官民連携を活用した広域化」による インフラの持続的運営

まずは、第1章において、「地域経済のボトムラインの悪化を緩和する」観点から提示した上下水道分野を題材に考えていきたい。

1 上下水道事業の将来予測

改めて、我が国の上下水道事業は、職員の高齢化や技術継承（ヒト）、施設の老朽化・更新対応（モノ）、人口減少に伴う収益悪化（カネ）など、複合的な課題を抱えている。今後は、それぞれ全国で1,000を超える公営事業者（自治体）が、おのおの単独で事業を運営する構造には限界が見込まれる状況にある。手をこまねいていれば、料金値上げをはじめ地域の負担はますます重くなるばかりであろう。

仮に、各自治体が抜本的な経営改革を行わず、現状のままの経営を続けた場合、どのような将来が待ち受けているであろうか。第1章では、水道事業において、「今後の人口減少・管路更新対応・収支相償確保を前提とすると、約30年後には、日本全体の水道料金を、現状よりも6割以上値上げしなければならないこととなる可能性がある」というDBJの試算を紹介したが、ここでは、下水道事業についても同様に見てみたい。

図表78及び図表79は、設備投資に係る国庫補助率[1]が現状程度に維持される前提で、将来的な人口減少、管路改善率の適正水準（年1.25％＝80年間で更新と仮定）への引き上げ及び収支相償確保等を想定した場合、下水道使用料がどのように推移するのかについて、DBJにおいてキャッシュフローモデルに基づき推計を実施したものである。[2]

本推計結果によれば、日本全国集計の下水道使用料は、2045年度（30年後）には現状の約1.7倍、2065年度（50年後）には約2.2倍の水準にまで引き上げが必要と見

＊1　建設改良費に占める国庫（県）補助金の割合。
＊2　雨水処理に係る公費負担（雨水処理負担金）は減価償却費の増加に応じて増加するものと想定。その他一般会計からの繰入金は2015年度並みとする。なお、推計の詳細な前提については、本節の最後を参照。

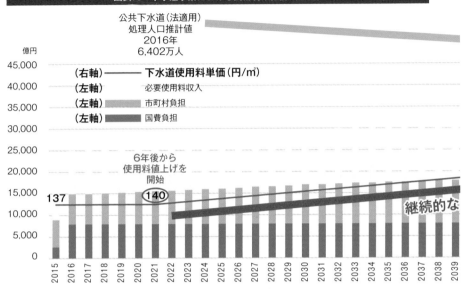

図表78 下水道事業における簡易将来推計（全国）

公共下水道（法適用）
処理人口推計値
2016年
6,402万人

億円

45,000

（右軸）────── 下水道使用料単価（円/㎥）
（左軸） 必要使用料収入
（左軸） 市町村負担
（左軸） 国費負担

40,000
35,000
30,000
25,000

6年後から
使用料値上げを
開始

20,000
15,000
137 ⑭⓪
10,000
5,000
0

継続的な

2015 2016 2017 2018 2019 2020 2021 2022 2023 2024 2025 2026 2027 2028 2029 2030 2031 2032 2033 2034 2035 2036 2037 2038 2039

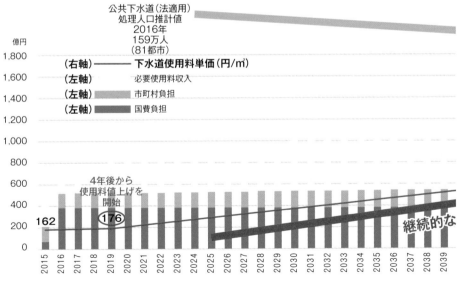

図表79 下水道事業における簡易将来推計（人口5万人未満都市）

公共下水道（法適用）
処理人口推計値
2016年
159万人
（81都市）

億円

1,800

（右軸）────── 下水道使用料単価（円/㎥）
（左軸） 必要使用料収入
（左軸） 市町村負担
（左軸） 国費負担

1,600
1,400
1,200
1,000
800

4年後から
使用料値上げを
開始

600
400
200 ⑰⑥
162
0

継続的な

2015 2016 2017 2018 2019 2020 2021 2022 2023 2024 2025 2026 2027 2028 2029 2030 2031 2032 2033 2034 2035 2036 2037 2038 2039

出所：ともに総務省「平成27年度地方公営企業年鑑」のデータをもとにDBJ作成

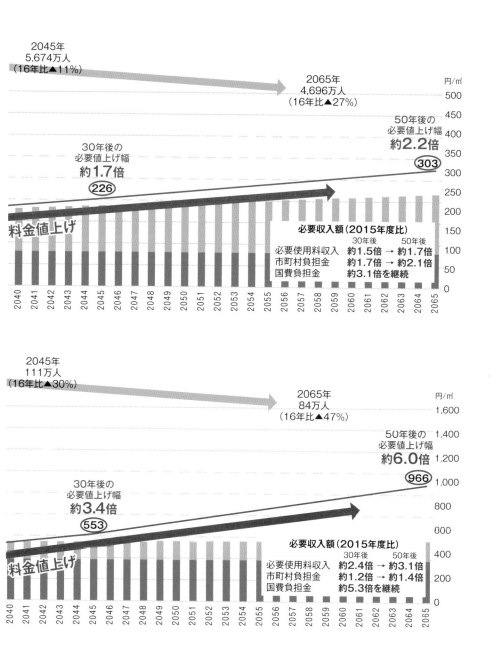

込まれる。

　人口の少ない地域の見通しはより厳しく、人口5万人未満の都市だけで見ると、2045年度には約3.4倍、2065年度には約6.0倍の水準にまで引き上げが必要との試算結果となっている。当推計については、設備投資に係る国庫補助率が今後も長期にわたって維持される保証はないことなども、併せて念頭に置いておく必要があるだろう。

　各地域においては、まずはこうした厳しい絵姿を、官・民・金・住民等の関係者全員でしっかりと共有することが重要である。

▓2▓ 解決策としての「官民連携を活用した実質的な広域化」

　ではこれら課題への解決策として、どのようなものが考えられるであろうか。

　まず1点目は、「広域化」である。今後さらなる人口減少の進行や財政制約の高まりが見込まれる中、とりわけ小規模な自治体においては、各種課題に対し、地域の負担を抑えながら個別に対応するにも限界がある。このため、例えば、流域ごとに複数の自治体が事業を統合して規模の経済を働かせたり、広域的な施設統廃合の実施などを通じて、事業の再構築を推進していく必要があるだろう。

　2点目は、「官民連携」である。既に各地で実績のある短期的な維持管理包括委託などをさらに一歩進め、民間ノウハウを活用した新技術の導入や、より長期・包括的な更新投資等の最適なプランニングやマネジメントを実行するような「進化した官民連携（コンセッション等）」の視点が重要となる。

　一方で、行政レベルでの広域化をめざそうとする場合、自治体ごとの料金格差や財政格差等が障壁となり、なかなか進まないのも実情である。そこで、より現実的かつスピード感を持って課題解決に当たるためには、「官民連携を通じて（てことして）実質的な広域化を実現する」「実質的な広域化を実現するための手法として官民連携を活用する」視点が重要となってこよう。

　具体的には、①コアとなる自治体（例えば、都道府県や大都市・中核都市自治体等）がコンセッションなどの「進化した官民連携」に踏み出すことを契機に、民間事業者も参画する「広域的官民協働事業体」を組成、②同自治体から当該事業体へ業務・運営委託等を実施、③その後、当該事業体を「受け皿」として複数の市町村からも順次業務・運営委託等を実施し、スケールメリットを働かせることによって

実質的に広域化と同様の効果を実現する、という形が想定される（第1章の図表37
参照）。

❸ 取組事例

当スキームのコンセプトに類似した事業として、水道事業では、広島県と㈱水み
らい広島による取組などが挙げられることは、第1章でも紹介したとおりであるが、
ここでは、下水道事業の事例についても触れておきたい。

①堺市・河内長野市・大阪狭山市（図表80）

大阪府内の隣接する3市（堺市、河内長野市、大阪狭山市）では、下水道管路の
維持管理等について、それぞれ包括的民間委託を実施している。

これら事業に係る取組内容やコンソーシアムメンバー等について、各事業ごとに
相違はあるものの、隣接する3市が類似する包括的民間委託を実施し、それらを同

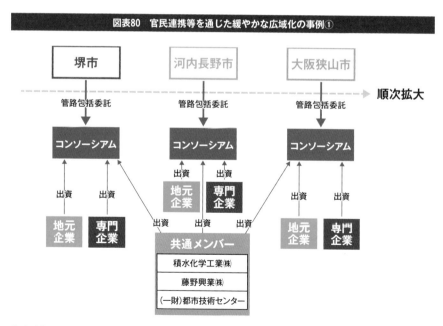

図表80　官民連携等を通じた緩やかな広域化の事例①

出所：積水化学工業㈱HP等をもとにDBJ作成

一の民間企業群を中心とするコンソーシアムが受託することで、緩やかに実質的な広域化と同様の効果が創出されているものと考えられる。

　事業実施にあたっては、3市の間で直接的な連携が行われているわけではないものの、政令指定都市である堺市が先行して下水道管路の包括的民間委託を導入したことが契機となり、近隣の河内長野市・大阪狭山市においても、類似事業の導入検討・合意形成が比較的スムーズに進捗した側面もあったものと考えられる。

②大阪市・河内長野市（図表81）

　大阪市と河内長野市では、下水道施設の運転・維持管理等について、それぞれ包括的民間委託を実施している。

　もともと大阪市では、下水道経営へのさらなる民間原理導入や、市の持つ技術・ノウハウの広域展開を見据え、2016年7月に市100％出資により「クリアウォーターOSAKA㈱」を設立。市から同社へ職員を転籍させ、市内全域の下水道施設に係る包括委託を上下分離方式（施設保有：市、運営：同社）により実施していた。そし

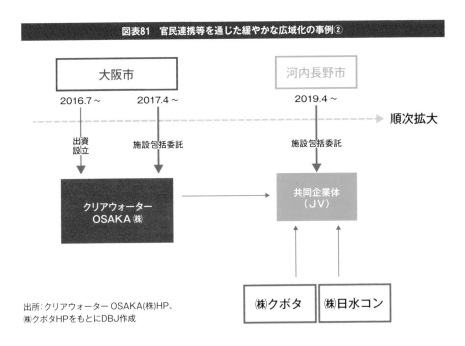

図表81　官民連携等を通じた緩やかな広域化の事例②

出所：クリアウォーターOSAKA㈱HP、
㈱クボタHPをもとにDBJ作成

てそのような動きがあった中で、続いて河内長野市が、同社他2社により設立され
た共同企業体に対し、包括委託を実施した形となっている。

　これらを通じ、やはり緩やかに実質的な広域化と同様の効果が創出されているも
のと考えられる。

③アメリカにおける広域連携型コンセッション的事例

　海外からも一つ参考事例を紹介しておきたい。上下水道分野における海外事例と
しては、近年は何かとフランス等が紹介されることが多いところである。ただ、ア
メリカにおいても、我が国上下水道事業と同様、ヒト・モノ・カネにわたる大きな
課題に直面し、かつ民間運営比率なども決して高くない中で、トライアル的なコン
セッション的事例や広域化への取組なども少しずつ開始されてきているところである。

　そのような中、ペンシルベニア州・アレンタウン市では、市が提供していた上下
水道サービスの運営等について、2013年以降、同市が位置するリーハイ郡の公社
（Lehigh County Authority）に対し、50年間の長期リース型コンセッション契約

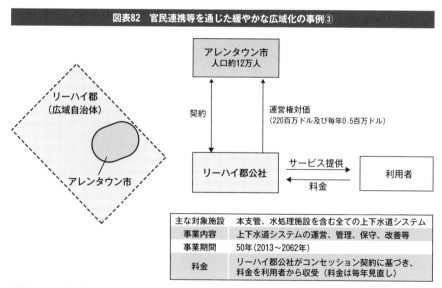

図表82　官民連携等を通じた緩やかな広域化の事例③

主な対象施設	本支管、水処理施設を含む全ての上下水道システム
事業内容	上下水道システムの運営、管理、保守、改善等
事業期間	50年（2013～2062年）
料金	リーハイ郡公社がコンセッション契約に基づき、料金を利用者から収受（料金は毎年見直し）

出所：Information"Lehigh County awarded Allentown water concession with USD 220m upfront bid"、
EPA HP、Lehigh County Authority HPをもとにDBJ作成

を締結して委託を実施している（図表82）。

本契約には、毎年4マイルの水道管更新などの長期的な設備投資計画とともに、水道料金の長期値上げプランが定められているが、事業効率性の向上や規模の経済による運営コスト削減等が期待できることから、料金の値上げ幅は緩和される見込みとなっている。

本事例は、上記②と同様、厳密な「官民連携を活用した広域化」というよりは、むしろ官官連携に近い側面もある。ただ、政令指定都市等の大都市・中核都市自治体が上下水道事業の経営ノウハウを有している我が国の強みを活かすという観点で、参考になるものと考えられる。

なお、このアレンタウン市のケースをはじめ、アメリカの上下水道事業等で自治体がコンセッション的手法を活用する一番の誘因としては、財政再建のためのコンセッション・フィーの獲得であるケースが多い。この点については、自治体の財政規律付けの仕組みや制度等が我が国とは異なる側面は勿論ある。ただ、我が国においても、国・地域ともに財政状況が厳しい中、各自治体においては、係る観点からのコンセッションの戦略的活用を、今後より意識することが重要と考えられる。

４ 実現へ向けた課題と対応策

今後、この「官民連携を活用した実質的広域化」を各地で有意に実現・展開していくにあたっては、課題もある。以下、3点ほど触れておきたい。

まず1点目は、「担い手の形成」である。我が国では、これまで一貫して、自治体が公営企業の形で上下水道事業を実施しているケースが大半であり、「担い手」となり得る国内の民間事業者は少ないのが実情である。

そのような中、今後の「担い手」としては、例えば、①「大都市自治体」自身が組織形態変更して形成する事業体、②「中核都市自治体」が民間事業者と連携して形成する事業体、③国内の民間事業者同士が連携して形成する事業体、④国外の民間事業者が主導して形成する事業体、のような複数の類型の事業体が、段階的に形成されていくことが想定される。このうち、①や②については、例えば、前記**3**で紹介した「クリアウォーターOSAKA㈱」などが先駆け的な取組とも言えるのではないだろうか。

　2点目は、「官民の適切な役割・リスク分担とそれを可能とする制度設計」である。これについては、例えば、昨年度（2019年10月）の水道法改正施行等を通じて着実に前進してきている側面はある。ただ、将来的には、地域の課題や実情に応じ、より柔軟かつ適切に検討・実践することが可能となるような、より一層骨太な制度設計なども期待されるところである。

　3点目は、「発注・モニタリング支援機関の整備」である。上下水道事業の課題解決に民間の強みを存分に活用することは大変重要な視点であるが、一方で、官には手放してはいけない肝の部分や重要責務がある。民に何を委ね、官に何を残すべきかといったことを戦略的に検討し、適切な知見を持って事業全体をモニタリング・ガバナンスしていくことが必要である。ただ、今後このようなスキームの必要性が特に高まることが予想される小規模自治体などにおいては、PPP等の導入に必要な企画・発注・モニタリング力の面でも厳しい状況にあるのが実情であろう。

　このため、各自治体が適切に取組検討等を行えるようにするための情報提供等支援を担う機関や、事業開始後における料金値上げの妥当性及び担い手事業体の経営健全性等をチェックする機関などを整備することが重要と考えられる。海外における参考例としては、前者であれば、アメリカ環境保護庁傘下のWIRFC（通称「ウォーター・ファイナンス・センター」：図表83）、後者であれば、我が国でもよく知られたイギリスのOfwat（水道サービス規制局）などが挙げられよう。

　今後我が国においては、高い技術力・運営力を誇る複数の大都市自治体が持つノウハウのWIN-WINによる活用なども視野に、これらの機能や体制が総合的に確保されていくことが望ましいと考えられる。

5 ウィズ・コロナ時代を見据えて

　足下、我が国においては、コロナ禍における経済環境・雇用環境等の悪化により、上下水道料金の支払い猶予や減免措置を講じる自治体も多く見られる（図表84）。係る中、今後は各地域の上下水道事業おいて、財務状況の一層の悪化や、それに伴う老朽化施設更新対応の遅れへと影響が及ぶことが懸念されるところである。

　このような状況は、改めて、上下水道事業における公共性・公益性の高さや、官民の適切な役割分担・リスク分担の難しさと重要性等を浮き彫りにしたと考えられ

● 水道設備の老朽化を背景とした今後のインフラ設備更新等のニーズを踏まえ、アメリカ環境保護庁は、地方自治体等が地域のニーズに合った飲料水・汚水処理等に係るインフラ対策に関し、適切な情報に基づいて決定ができるよう支援するための情報・支援機関である「ウォーター・ファイナンス・センター（WIRFC）」を設立（2015年）

WIRFCの4つの目標

目標１：調査	目標２：アドバイス	目標３：革新	目標４：ネットワーク
ファイナンス上の課題解決策を明らかにして自治体のインフラニーズに応える	自治体や連邦機関に対してファイナンス上の情報提供を行う	専門知識の提供による水道に関する議論の水準の向上	関係政府機関等とのネットワークの構築
【活動】 ・情報センターとして資金調達手段等の情報収集 ・強靱かつ持続可能なインフラ事業のための資金調達手段の調査支援 ・小規模水道システムのための資金調達情報の収集	【活動】 ・各地域の環境ファイナンスセンターを通じた技術・人材育成等支援 ・要支援自治体に対する資金調達計画策定等支援 ・連邦のファイナンス支援策における課題の情報収集・提供	【活動】 ・水道分野に関するPPPの調査及びプロジェクトモデルの整理 ・資金調達方法のベストプラクティス情報の提供 ・新たなファイナンス手法の研究	【活動】 ・渇水対策のための連邦・州・産業界との協働 ・各地域における水ファイナンスフォーラムの開催を通じた自治体間の課題・ファイナンス戦略に関する情報共有

出所：EPA, "About the Water Infrastructure and Resiliency Finance Center," https://www.epa.gov/waterfinancecenter/about-water-infrastructure-and-resiliency-finance-centerをもとにDBJ作成

支払い猶予の実施状況

（上段：事業者数、下段：%）

実施中	実施予定	検討中	実施予定なし	合計
1,073	14	29	171	1,287
(83.4)	(1.1)	(2.3)	(13.3)	(100.0)

減免の実施状況

（事業者数,%）

403,31%

総数
1,287

806,63%　　78,6%

■実施中　■実施予定　■実施予定なし

減免にかかる費用負担

（事業者数,%）

27,7%

42,10%

総数
403

231,57%

103,26%

■一般会計

■公営企業会計

■両方

■検討中

出所：厚生労働省

る。また、事業採算のさらなる悪化の側面などもあわせれば、今後の官民連携推進等に関しては、一般に逆風と感じられる向きも多いかもしれない。

しかしながら、これは逆に考えると、公共サイドから見れば、各種課題深刻化の中で、事業のさらなる効率的運営への要請が一段と高まってきていることの裏返しであり、広域化や官民連携を通じた課題解決の必要性がより喫緊に高まってきていることの証しとも言える。また、民間サイドから見れば、意識レベルの高い自治体において、「適切な公的財政負担等を伴った、適切な官民リスク分担による官民連携事業」創出のニーズ・可能性が高まっていくチャンスと捉えることもできよう。

コロナ禍においては、下水道からのウイルス検出による感染症流行状況の把握などをめぐっても、各地で様々な議論や取組がなされているところである。

今後は、これらの動向なども総合的に踏まえ、上下水道事業本来の課題解決とともに、感染症対応等も含む社会課題解決へ向けた両事業の適切な貢献・進化なども見据えて、従来の官民連携の枠をさらに一歩超えた、地域の関係者一体による川上段階からの一層の連携・協働の進展などにも期待していきたい。

＜参考＞

本節で紹介した、下水道事業の簡易将来推計に係る前提や留意事項は以下のとおりである。

（推計の前提条件）

・「平成27年度地方公営企業年鑑」掲載のデータをベースに、公営企業法適用の公共下水道事業者（291社）が集計の対象

・2015年度末時点の公営企業法適用公共下水道事業者291社がそのまま継続したものと想定（2016年度以降の法適用公共下水道事業者の増加は加味しない）

・下水管路の新規布設は行われないものと想定

・建設改良費に関し、下水道使用料収入及び国費によって賄えない部分については全額企業債発行によって賄うことと想定

・雨水処理負担金の支払いについて、国や地方公共団体の財政制約は考慮せず、設備投資等に伴う増加分は全て支払われるものと想定

・下水道事業者の損益の合計が赤字とならない（損益ゼロの）水準まで、下水道

使用料の値上げを実施するものと想定

（収入項目）

・下水道使用料は、国立社会保障・人口問題研究所「日本の地域別将来推計人口
（平成30（2018）年推計）」及び「日本の将来推計人口（平成29年推計）」の出
生中位・死亡中位仮定による推計結果に基づき将来処理人口を予想（都市規模
別の集計については、一部当行で補足推計）し、当該処理人口に2015年度の全
国平均下水道使用料単価をかけて算出

・雨水処理負担金は毎期の減価償却費増加率並みに増加していくものと想定

・維持管理費に係る補助金・他会計繰入金については、2015年実績並みで維持さ
れるものと想定（既存の補助制度の仕組みについては考慮しない）

・資本費に係る補助金・他会計繰入金については、現状の国庫補助率が維持され
ると想定

・長期前払費用戻入額については、資本費に係る補助額に応じて増減するものと
想定

・その他の収入は現状維持（2015年度実績並み）を想定

（費用項目）

○減価償却費：

・管路改善率（全国：2015年度実績0.24%）を2016年度以降1.25%に引き上げたも
のと想定し、毎年の建設改良費を算出（簡便化のため既存設備は定率で減価償
却するものとし、耐用年数は考慮しない）

・管路改善率1.25%の根拠：管路の経済耐用年数80年と想定。償却期間は50年
（法定耐用年数）

・管路以外の設備投資については、2015年実績並みを維持するものと想定（償却
期間15年とする）

○修繕費：管路の更新・改善が適切に行われるとの想定から、2015年度並みと想定

○支払い利息：上記前提に基づき、不足する資金を企業債発行により賄った場合
の有利子負債残高に、2015年度末の平均利率（対象291社の平均

値）をかけて算出。有利子負債の返済額は2015年度並みを維持す
るものと想定

○その他費用：変動費は年間処理水量に比例して減少、固定費は2015年度並みと
想定

5−2 「点から面」へのまちづくり再構築

本節では、第1章において、地域経済の「ボトムライン悪化の緩和」と「トップラインの伸長」の双方をめざす観点から提示した、まちづくり分野を題材に考えていきたい。

1 「公有資産マネジメント」をめぐる状況

改めて、我が国では、高度経済成長期に大量に整備された公共施設やインフラ（あわせて、以下「公有資産」）が、一斉に更新期を迎えつつある。国土交通省の試算によれば、2018年度に約5.2兆円だったインフラの維持管理・更新費は、予防保全の考え方をもってしても2038年度には約6.6兆円まで膨れ上がることが予想されている（第1章の図表29参照）。

すなわち、国・地方ともに財政制約の高まりが続く中、新規の施設整備はおろか、既存施設の更新費さえ賄いきれない時代が現実化しつつある状況にある。このような中、全国の自治体においては、保有資産の在り方を中長期的視点で見直す「公有資産マネジメント」の取組が進められているところである。

そもそも公有資産マネジメントについては、2012年12月に発生した中央自動車道・笹子トンネルの天井板落下事故なども背景に、その対応へ向けた国レベルでの議論も本格化した経緯にある。

これまで、「日本再興戦略-JAPAN is BACK-」（2013年6月14日閣議決定）に基づく「インフラ長寿命化基本計画」をベースに、各省庁や自治体において、保有資産に係る長期的かつ総合的な方針を定める行動計画が策定されてきた。そして、現在はその「実践」が求められる局面を迎えている。

各地域においては、ヒト・モノ・カネにわたる課題が深刻化する中、今後、こうした公有資産マネジメントの取組実践の本格化を軸に、まちづくり全体についても、縮小時代にふさわしい姿に「再構築」していく必要性に直面していると言える。

2 コンパクト・プラス・ネットワークの実践

では、縮小時代にふさわしいまちづくりとはどのようなものであろうか。まず大

きな方向性としては、「コンパクト・プラス・ネットワーク」の実行・実現が挙げられよう。

人口減少や高齢化に直面する多くの地方都市では、市街地が郊外に分散し、日常の移動も過度に自家用車に依存しているのが実態である。ただ、今後高齢者のさらなる運転免許返納なども見込まれる中、こうした現状は、超高齢社会における都市の望ましい姿とは言えないと考えられる。

そのような中、近年の我が国では、福祉や交通なども含めた都市全体の構造の見直しへ向けて、2014年に「都市再生特別措置法」や「地域公共交通活性化再生法」の改正が行われ、都市機能と交通機能が連携したまちづくりを推進することとされた。これが「コンパクト・プラス・ネットワーク」の発想である。

既にいくつかの地域においては、まさにそのような発想の下、LRT*³の導入な

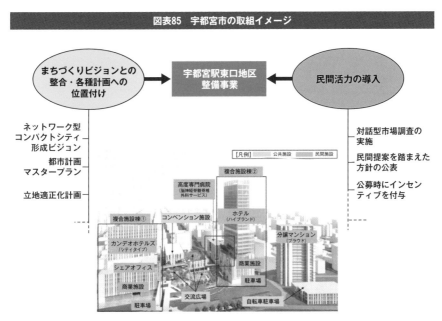

図表85　宇都宮市の取組イメージ

出所：宇都宮市HP、ヒアリングをもとに㈱日本経済研究所作成

＊3　LRT（Light Rail Transit）：低床式車両の活用や軌道・電停の改良による乗降の容易性、定時性、速達性、快適性などの面で優れた特徴を有する次世代の軌道系交通システム。

ど、公共交通の再編を軸とした官民連携によるまちづくりが進められているところである。

　例えば、宇都宮市では、まちづくりの理念として「ネットワーク型コンパクトシティ」を掲げており、その都市拠点に位置するJR宇都宮駅東口地区では、当該地区を発着点とするLRTの整備とそれに合わせたバス路線の再編に取り組むとともに、医療や商業など高次都市機能の集積などに向け、PPPを存分に活用した事業を展開している（図表85）。

　当該地区には、コンベンション施設、交流広場等の公共施設に加え、商業施設やホテルが入居する複合施設、病院、分譲マンションが整備される予定となっている（2022年供用開始予定）。

　また、さらに先行する地域の代表としては、富山市の取組なども周知のとおりであろう。

❸　ピンチをチャンスに変えるまちづくりコンセプト

　❷で述べた「コンパクト・プラス・ネットワーク」という大きな方向性の下で、次に各地域に求められるのが、それぞれの拠点ごとの活性化に向けた「攻め」の発想や、「面」を意識したまちづくりの視点・取組ではないだろうか。この点について、これまでDBJが提唱・推進してきているコンセプトを二つ挙げておきたい。

　まず一つは、スタジアム・アリーナやスポーツ施設などを核として、官民連携による多機能・複合型のまちづくりをめざす「スマート・ベニュー」である。

　例えば、近時、青森県八戸市では、駅周辺市有地に民設PPP方式で整備された多目的アリーナ（フラット八戸）を核としたエリアマネジメントの取組が進められている。これなどは、まさに「スマート・ベニュー」の一例と言えよう。

　そしてもう一つが、ピンチをチャンスに変える「エリアプロデュース」である。これは、衰退しつつあるエリアの再生・活性化を、官民連携により戦略的・論理的・継続的に進めるアプローチのことである。

　エリアプロデュースの推進にあたり、とりわけ重要な要素となるのが、①エリア（面）を対象としたまちづくりビジョンとその実現へ向けたKPI設定、②官民の低未利用不動産等の活用によるエリア再生、③官民のプロジェクト関係者による

PDCA、の3点である。これらの先導的なプロセスを通じ、縮小時代においても攻めの視点で、エリア一体のブランド化や活性化を、めざすべくしてめざしていくものである（図表86）。

　愛知県瀬戸市では、まさにエリアプロデュースの実践を通じて、市内に同時に発生した5つの小学校跡地の利活用を契機とした攻めのまちづくり再構築をめざす、類例のない高難度の地域課題解決事業に取り組んでいる（図表87）。

図表86　エリアプロデュースのイメージ

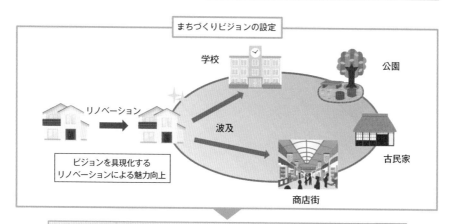

まちづくりビジョンの設定

学校　　公園

リノベーション

波及

古民家

ビジョンを具現化する
リノベーションによる魅力向上

商店街

単体の不動産だけでなく、エリア全体の魅力を高めることで、複数の官民遊休資産等に対する需要の創出、地域文化や利便機能の再生等へ繋げる

発意　　　　**事業実施中**　　　　**事業実施後**

● 現状認識の共有、まちづくりの目標共有
● 官民連携体制づくり、担い手の確保・育成
● 行政内部署間連携、民間異業種連携
● 知見・ノウハウの蓄積 等

まちづくりを持続させていくための要件が多い

● 官民不動産の利活用・稼働
● 空き家・空き店舗減少
● 関係人口、交流人口、定住人口増加
● 税収増、収益増、管理コスト減
● 既存ストック流通・更新
● 世帯構造変化 等

まちづくりのアウトカムとしての位置付けになるものが多い

まちづくりの持続性評価指標　　　**まちづくりの成果指標**

出所：DBJ及び価値総合研究所作成

同市はこれまで、DBJ及び価値総合研究所との共同研究により、地域経済や各エリアの調査・分析、そしてまちづくりコンセプトや具体的実現策までの検討を、一気通貫で進めてきた。自治体と金融機関、シンクタンクがフラットなパートナーの立場に立ち、川上段階から地域の事業者・金融機関等とも対話を重ねながら、膝詰めでアイデアを持ち寄るという体制面でも、全国的に稀な取組であった。

　また、あらかじめ市が地域との対話を密に重ねていたことも、重要かつ有意義なプロセスであった。子育てや生涯学習、福祉など、地域に必要な機能を集約した拠点の再生・整備により、「まち」と「ひと」を繋ぎ、地域全体の魅力を高めるよう

図表87　瀬戸市の取組

出所：価値総合研究所作成

な絵姿を描いている。今後は官民連携を通じ、こうしたまちづくりが本格的な実践段階に移っていくことが期待されるところである。

4 実現へ向けたポイント

では、2及び3で述べてきたようなまちづくりの再構築を実行・実現する上で、ポイントとなる視点・取組とはどのようなものであろうか。

まず1点目は、「都市像（ビジョン）の明確化」であろう。今後、まちづくりの再構築を進めていく上で、「地域の合意形成」は不可欠な要素である。住民をはじめとする地域関係者の理解促進や、「総論賛成・各論反対」の状況打開のためにも、行政にはこれまで以上に客観的なエリア分析等に基づく明確な都市像（ビジョン）の設定や、住民への丁寧な説明が求められる。

2点目は、「官民連携」であろう。公有資産の課題解決を契機とするものであれ、まちづくりに関わることとなれば、官民連携による取組は、ある種当然でありかつ大前提とも言えるものである。

既にこれまでも、各地において個々の公共施設の建て替えや公有地活用等のプロジェクトごとに、官からの公募・リクエストに民が応える形で、様々なPPP/PFI事業が実践されてきた。今後はこれをさらに一段進め、より川上段階からのまちづくりビジョンの検討・策定や、エリア単位での「まちの経営・マネジメント」へ、官・民・金・住民等の関係者が適切に協働していく形でのプロジェクト形成の視点・取組が、ますます重要となってくるであろう。

これら2点のポイントに関し、先に挙げた瀬戸市の取組は先導的であり、今後の継続・発展にも期待がかかるものである。

そして3点目は、「広域連携」であろう。既にこれまでも、各地において、近隣自治体同士の施設の相互利用など、個別・地道な連携は各種実施されてきているところではある。ただ、深刻さを増すマイナス課題のスピード感などを踏まえれば、今後は「連携中枢都市圏」のような、より広域的な視点からの公共サービスやまちづくりの再構築の取組も重要となる。この点、例えば青森県八戸市を中核とする「八戸圏域連携中枢都市圏」では、医療や交通、水道などをはじめ、各分野において圏域全体の生活関連サービス維持・確保を意識したまちづくりが進められている。

今後、広域連携へ向けて都道府県や中核都市に期待される役割もますます大きくなるとみられるが、一方で、行政主導でのこのような取組が必ずしも容易でないことも踏まえれば、「行政境にとらわれない」民間からの広域を対象とした新鮮な提案やノウハウにも大いに期待がかかるところであると言えよう。

5 ウィズ・コロナ時代を見据えて

新型コロナウイルスの感染拡大が、今後のまちづくりや官民連携の方向性に与える影響等についても、本節の最後に触れておきたい。

まずコロナ禍を受けて、改めて各地域の自治体に求められるのは、まちづくり再構築のベースとなる公有資産マネジメントの加速化であろう。改めて言うまでもなく、コロナ禍を受けた全国の自治体における各種支援予算措置等により、もともと厳しい状況にあった地方財政の状況は、一段と悪化が加速する懸念も高まっている。そのような中、各地域においては、官民連携を通じた公有資産マネジメントの「実践」をこれまで以上に急ぐ必要がある。場合により、資産保有総量削減のペースやボリューム等についても、より一層踏み込んだ見直しなどが必要となるケースもあるだろう。

また、ICT（情報通信技術）等を駆使した感染リスク低減のための「非接触」などについては、今後のまちづくり再構築を進める上でも重要かつ不可欠なキーコンセプトとなるであろう。その意味では、かねてより政府も強力に推進するスマートシティやスーパーシティについても、これまで以上に官民挙げて強力に取り組んでいくことが重要となるものと考えられる。

これまでのまちづくりは、定住人口／交流人口といった概念や、人を集める／賑わいを創出する、といった目標を暗黙の前提に取り組まれてきた。しかしながら、ウィズ・コロナのまちづくりでは、受け皿となる空間の機能や需要の在り方を根本的に捉え直さなければならない可能性もあるほか、まちづくりの目標やその実現手法そのものを見直す必要などが生じる可能性もあろう。

さらには、これまで民間事業者や地域コミュニティが果たしてきた機能にも変化が生じたり、また、公園・道路等オープンスペースのまちづくりへの積極的活用などをはじめ、公共が担うべき役割・位置付けが高まる可能性などもあり得よう。こ

れらはすなわち、まちづくりにおける付加価値の在り方そのものを再考する必要性
などへも繋がり得るということと考えられる。

　ウィズ・コロナにおけるまちづくりの再構築にあたっては、以上も総合的に踏ま
え、不可逆的な価値観の変容の存在なども念頭に、まちがめざすべき新たなビジョ
ンづくりから、官民をはじめとする地域の様々な関係者がより一層連携・協働して
取り組んでいくことが重要と言えよう。

5-3 コロナ禍を契機とした 地域ビジョンと観光戦略の再構築

本節では、第1章において、地域経済の「トップラインを伸ばす」観点から提示した、ハードインフラ分野とソフトインフラ分野の連携・一体的運用に係る重要なターゲットと想定される観光分野を題材に考えていきたい。

1 コロナ禍で一変した観光市場

近年の我が国では、訪日外国人旅行者数（インバウンド）が、2019年に過去最高の3,188万人を記録するなど順調な伸びを見せていたところであるが（図表88）、新型コロナウイルスの感染拡大の影響により、2020年4月には一転して、前年同期比99%減とほぼ全て蒸発する事態に陥った。

係る急激な環境変化を受け、2011年以降のコンセッション方式（公共施設等運営権）導入を機に、格安航空会社（LCC）の積極的誘致などでインバウンド需要を牽

図表88　訪日外国人旅行者数と旅行消費額の推移

（万人）

凡例：
- 旅行者数（左目盛）
- 旅行消費額（右目盛）

出所：日本政府観光局

引してきた各地の空港運営などについても、今後へ向けまさに重要な局面を迎えているところである。

　各地域においては、このような厳しいウィズ・コロナ時代の観光戦略や、そこでの官民連携の在り方について再構築する必要性に直面していると言える。

2 求められる「安全・安心」

　コロナ禍を受けた厳しい環境の中で、観光客の受け入れ側地域に求められる対応とはどのようなものであろうか。

　まず、事業関係者に共通して優先されるのは、「安全・安心」対策の徹底であろう。これまで全国各地では、「広域観光周遊ルート」の提案・推進など、主に観光客の消費単価アップなどを目的として、周遊化や長期滞在を促す施策が展開されてきた。しかしながら、インバウンド需要の回復には少なくとも1年以上の期間を要するなどの見通しもある中で、当面の間は、従前のような旅行者数の増加は想定しづらい可能性も高い。今後は、これまで以上に「量」より「質」、さらにはそれに向けた安全・安心確保の観点が重要度を増すこととなると考えられる。

　そのような中、受け入れ側地域には、「3密（密閉・密集・密接）」の回避や混雑緩和などの対策徹底が求められるとともに、誘客においても、安全・安心のPRがポイントとなってくるであろう。

3 ICT活用によるソリューション

　それでは、実際に安全・安心を提供するための有効な手立てとはどのようなものであろうか。対面でのコミュニケーションに神経を使わざるを得ない状況の下で、やはりいちばんのカギとなるのは、ICTをはじめこれまで以上の「ソフトインフラ活用」を軸とした官民連携であろう。

　この点に関連し、和歌山県の南紀白浜空港では、コンセッション導入を契機に、空港が先頭に立って、ICTを存分に活用した観光地づくりが進められている。2019年から実証実験が進む「IoTおもてなしサービス」などは、まさにその象徴と言える（図表89）。

　例えば、利用者が事前に顔情報・クレジットカード情報を登録しておくことで、

ホテルでのスムーズな入退室や、商業施設・飲食店でのキャッシュレス決済に対応している。また、テーマパークなどの観光地では、列に並ばず入園することも可能な仕組みとなっている。

そして、こうした顔認証やキャッシュレスの推進は、利用者の利便性向上のみならず、人同士の接触が避けられる点で、感染拡大防止にも寄与するものでもあることがポイントである。ウィズ・コロナにおいては、周辺観光スポットや宿泊・飲食施設なども含め、地域一丸での取組が期待されるところであろう。

また、空港から目的地までの移動を担う鉄道やバスなど交通事業者の役割も大変重要である。観光客は、旅程の前後・最中に、観光や移動に係る様々な情報収集を実施するが、一方国内では、これまで交通事業者が個々に情報提供を行うケースが多く、連携不足も指摘されてきたところである。そのような中、そうした課題に対しても、ソフトインフラ活用を軸とした官民連携が一役買うことが期待されてきた。

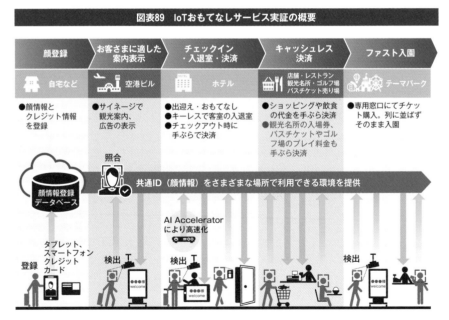

図表89 IoTおもてなしサービス実証の概要

顔登録	お客さまに適した案内表示	チェックイン・入退室・決済	キャッシュレス決済	ファスト入園
自宅など	空港ビル	ホテル	店舗・レストラン観光名所・ゴルフ場バスチケット売り場	テーマパーク
●顔情報とクレジット情報を登録	●サイネージで観光案内、広告の表示	●出迎え・おもてなし ●キーレスで客室の入退室 ●チェックアウト時に手ぶらで決済	●ショッピングや飲食の代金を手ぶら決済 ●観光名所の入場券、バスチケットやゴルフ場のプレイ料金も手ぶら決済	●専用窓口にてチケット購入。列に並ばずそのまま入園

照合

顔情報登録データベース

共通ID（顔情報）をさまざまな場所で利用できる環境を提供

AI Accelerator により高速化

タブレット、スマートフォンクレジットカード

登録　検出　検出　検出

出所：日本電気㈱HP

222

　例えば、交通等関連事業者が、移動に係る各種データをインターネット上にオープン化し、行政や地域 DMO等が中心となって、それらを一元管理するデータプラットフォームの構築を進めれば、個々のニーズに応じて必要な情報を一括提供することが可能となる。データプラットフォームを通じ、蓄積された観光客の利用履歴などをマーケティングに活用できれば、事業者にとっても有益である。国土交通省では、まさにそうした利便性向上などの観点から、これまでMaaS*4の実証実験が進められてきた。

　そして、これら取組についても、今後は、混雑状況やそれに応じた最適ルートをリアルタイムで発信することなどをはじめ、さらに安全・安心確保の面からも強力に推進していくことが期待されるところであろう（図表90）。

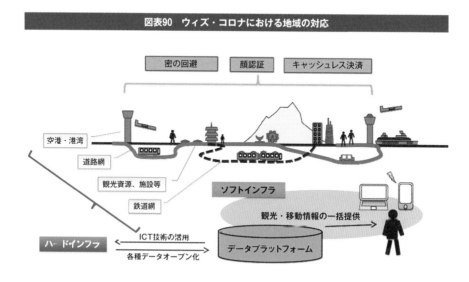

図表90　ウィズ・コロナにおける地域の対応

出所：㈱日本経済研究所作成

＊4　Mobility as a Serviceの略。次世代交通システムのこと。

4 企画段階からの骨太な関係者連携

　これらソフトインフラ活用面における官民連携の視点も無論重要であるが、加えて、今般のコロナ禍は、前向きに考えれば、地域のビジョンや観光戦略を再構築する絶好の機会と捉えることもできるのではないだろうか。

　例えば、2020年7月に政府の「Go Toキャンペーン」も開始されたが、国内外からの観光需要の本格的な回復までにはまだ当面時間を要するものと想定されている中で、地域の戦略としてまずカギを握るのは、「近場客」であろう。星野リゾートが提案する「マイクロツーリズム」などは、その代表的なモデルである。これらも参考に、当面は地元や近隣住民向けにサービスを見直すなど、これまで地域に関心の薄かった層を取り込む発想が重要と言える。

　また、今般のコロナ禍を契機として、リモートワークやワーケーションなどの機運も高まりつつあるところである。そのような需要に対し、例えば、空室の多い宿泊施設や廃校などの官民低未利用施設をサテライトオフィスとして提供するなど、観光以外の観点から地域の資源を活用し、活性化を図るような視点・工夫も必要となってこよう。

　さらには、インバウンド需要の本格的な回復を見据え、近年急速に進化を見せるVR（仮想現実）による体験型コンテンツ等を活用し、地域の魅力を積極的に発信し続けることなども一案であろう。

　そして、これらのアイデアを含めて重要となるのは、地域のめざすビジョンや観光戦略について、より川上の段階から、官・民・金・住民等の関係者で練り直していく、「企画段階からの骨太な官民連携／官民協働」の発想であろう。この点、例えば、国際空港評議会（ACI）による欧州の Best Airport 賞受賞実績もあるイギリス・ニューカッスル国際空港などでは、利用者・地元関係者・空港会社など、ステークホルダー間のニーズ調和や地域貢献に主眼を置いた空港運営が実施されているところである（図表91）。

　このような取組も参考にしつつ、厳しい局面にある今こそ、地域一丸となって、ウィズ・コロナ時代を生き抜くための準備を進めていくことが求められると言えよう。

図表91　イギリス・ニューカッスル空港（NCL）の主な取組

1 地域への貢献を重視した長期経営戦略

● NCLは、開港100周年の2035年に向けた長期経営計画を策定（2019年）

● 同計画では、航空旅行需要への対応を通じたNCL成長目標のほか、雇用・付加価値創出及びインバウンド促進を通じた地域経済への貢献、地域住民・環境への負担軽減・最小化等を実現する施設・インフラの供与など、地域への貢献にも主眼を置く内容

2 インバウンド・マーケティング戦略

● NCLは、エアラインの搭乗率向上や収益性を改善すべく、既存の航路におけるインバウンド旅行客数増加、ポテンシャルある市場向けの新規ルート就航を図るため、インバウンド観光マネジャーを任命し、新たにインバウンド戦略を立案（2018年）

● 今後、イギリス政府観光庁と連携し、ニューカッスルだけではなく、北東地域全体のあらゆる観光資源を活かし、欧州諸国等の潜在市場を対象として各市場の特性に応じたコンテンツを発信するなど、北東部地域の観光振興に取り組む

3 地域との継続的な関わり

● NCLの運営等に関し、ユーザーや地元地域への影響等を議論する場として諮問委員会あり（構成：地元自治体の議会、地元住民、地元商工会議所、地元旅行会社等）

● 委員会は、NCLの経営陣に対し、業務計画やパフォーマンス（騒音等の環境要因、業務運営(例：荷物検査等に生じる待ち時間)、顧客満足度等)に関する助言を実施

● NCLは、利用者、地元地域、空港会社それぞれのニーズを上手に調和・バランスさせるべく、委員会からの助言・意見を踏まえて事業運営を実施

出所：NCL HP等をもとにDBJ作成

地域への経済波及効果目標

（単位：人）

	雇用者数	
	空港施設	地域全体
2017	3,450	18,900
2025	4,475	25,150
2030	4,775	27,375
2035	4,775	27,800

（単位：億ポンド）

	GVA	
	空港施設	地域全体
2017	2.4	11.6
2025	3.5	16.6
2030	4.0	19.1
2035	4.3	20.3

※GVA：Gross Value Added
　粗付加価値額
　粗付加価値額＋生産品等に課せられる
　税－補助金＝GDP

5 アフター・コロナも見据えて

　本節の最後に、アフター・コロナを見据えた明るい題材も紹介しておきたい。

　2020年8月に、DBJが公益財団法人日本交通公社（JTBF）と共同で発行した「DBJ・JTBF アジア・欧米豪 訪日外国人旅行者の意向調査（2020年度 新型コロナ影響度 特別調査）」（※ 当調査の基本情報は、本節の最後を参照）によれば、以下のようなポイントが明らかになったところである。

　①新型コロナ終息後における海外旅行の意向は、アジア居住者・欧米豪居住者ともに大変強い（図表92）

　②新型コロナ終息後に観光旅行したい国・地域として、日本の人気は引き続き高く、アジア居住者ではトップ、欧米豪居住者でも2位の人気（図表93）

　③日本を訪問したい理由としては、「清潔さ」が高く評価（図表94）

図表92（上）・図表93（下）　DBJ・JTBF共同調査からの主なポイント①②

回答対象 全　員	新型コロナの流行が終息し、平常状態に戻ったとき、 また海外観光旅行をしたいと思うか（回答はひとつ）

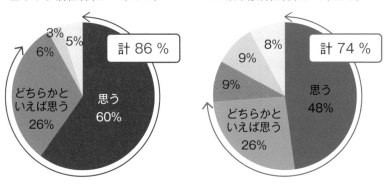

■ アジア居住者（n＝4,194）　　　　□ 欧米豪居住者（n＝2,072）

計 86 %

思う
60%

どちらかと
いえば思う
26%

3%
5%
6%

計 74 %

思う
48%

どちらかと
いえば思う
26%

8%
9%
9%

■ どちらかといえば思わない　　■ 思わない　　□ まだわからない

回答対象 全　員	新型コロナの流行終息後に、観光旅行したい国・地域 （回答は当てはまるものすべて）

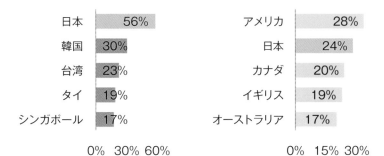

■ アジア居住者（n＝3,822）　　　　□ 欧米豪居住者（n＝1,840）

日本	56%
韓国	30%
台湾	23%
タイ	19%
シンガポール	17%

0%　30% 60%

アメリカ	28%
日本	24%
カナダ	20%
イギリス	19%
オーストラリア	17%

0%　15% 30%

（上位5の国・地域で降順ソート）

出所：ともにDBJ及びJTBF作成

図表94　DBJ・JTBF共同調査からの主なポイント③

回答対象 訪日旅行希望者	新型コロナの流行終息後に、その国・地域を観光のために 訪問したい理由（回答は当てはまるものすべて）

清潔だから		
国・地域	％	n 数
日本	36	2,518
シンガポール	34	678
ニュージーランド	27	720
スイス	24	546
カナダ	23	545
オーストラリア	20	816
台湾	17	840
ドイツ	16	399
韓国	16	1,093
オーストリア	15	279

出所：DBJ及びJTBF作成

　このような明るい題材も励みに、新型コロナ終息後にさらなる高みをめざすためにも、各地域においては、当面のウィズ・コロナにおける厳しい状況をチャンスに変えるような、地域の関係者一体での前向きな取組を期待していきたい。

＜参考＞ DBJ・JTBF 共同調査の基本情報
・調査趣旨：DBJでは、2012年より訪日外国人の旅行嗜好等の把握を目的に、海外旅行経験者を対象としたインターネットによるアンケート調査を実施（2015年よりJTBFと共同実施）。今回は、新型コロナが外国人旅行者の海外旅行意向に与えている影響を探るため、緊急での調査を実施したもの
・実施時期：2020年6月2日〜6月12日
・調査地域：韓国、中国（※）、台湾、香港、タイ、シンガポール、マレーシア、インドネシア、アメリカ、オーストラリア、イギリス、フランス

　　　　　※北京及び上海在住者のみ（割合は北京50%：上海50%）
・調査対象者：20歳〜59歳の男女で海外旅行経験者
・有効回答者数：上記地域に居住する住民合計6,266人
　※各国・地域からの回答数は、それぞれ約500人。男女比はおおむね50%ずつ

5-4 社会課題解決へ向けた
成果連動型官民連携手法 PFS/SIB

第1章では触れていないが、本節では、社会課題解決へ向けた新たな官民連携手法として注目を集めるPFS（Pay For Success：成果連動型民間委託）とSIB（ソーシャルインパクトボンド）の活用可能性について、簡潔に採り上げてみたい。

■1 PFS/SIBのアウトライン

PFSとは、端的に言えば、国や自治体が事業の成果目標を設定して事業を民間に委託し、事業成果（アウトカム）に応じて対価を支払う契約方式のことである。そしてこのうち、民間事業者が金融機関等から資金調達を行い、自治体などから受けた報酬に応じて返済を実施するものがSIBと呼ばれる。（図表95）

我が国では、少子高齢化に伴い社会保障費が増加傾向にある中、近年各地の自治

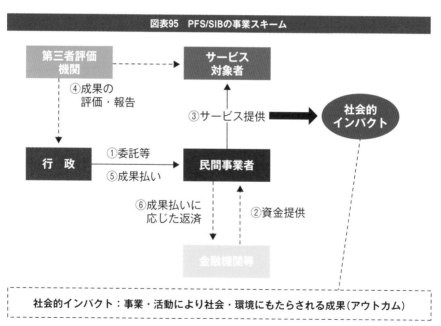

図表95　PFS/SIBの事業スキーム

社会的インパクト：事業・活動により社会・環境にもたらされる成果（アウトカム）

出所：内閣府資料をもとにDBJ作成

ピーターバラ刑務所SIB（第1号案件）	受刑者再犯防止

期　　間	2010.3 ～ 2015.6
対　　象	刑期が1年未満の短期受刑者3,000人
事業内容	短期受刑者の再犯防止を目的として、入所から出所後も含めて、心理セラピーや職業訓練等のプログラムを実施。出所後1年間の再犯・有罪判決率を成果指標のベースとする
投 資 額	500万ポンド（約7.5億円）
ステークホルダー	行　　　政：イギリス法務省、イギリス宝くじ基金 中間支援組織：Social Finance UK 実施事業者：7団体 評 価 機 関：レスター大学、QinetiQ、RAND Europe 投　資　家：財団、篤志家等の17団体
成果指標	刑務所から釈放後12カ月を超えた犯罪者のグループとの比較で、①もしくは②に該当 ①1,000人の囚人からなる3つのグループのうちいずれか10%の再犯率の減少 ②3,000人の囚人の7.5%の再犯率の減少 （政策転換に伴い対象を2,000人に変更（第3集団の測定中止））
支　　払	再犯率10%以上の減少を元利償還の条件として、IRR最大13%のリターンを提供
スキーム等	（案件のスキーム） （成果指標のイメージ） （成果指標と結果の整理表）

（案件のスキーム）

イギリス法務省 イギリス宝くじ基金 —SIB組成・契約→ 中間支援組織（Social Finance UK） ←成果報酬支払

事業資金の提供→ 投資家（財団・篤志家等）

中間支援組織（Social Finance UK） ←元利償還 投資家（財団・篤志家等）

資金提供／業務委託 ↓

サービスプロバイダー（7団体）

第三者機関（レスター大学他） —成果評価→

心理セラピー／職業訓練等 ↓

短期受刑者

対象：第1集団／第2集団／第3集団　実施時期

（成果指標のイメージ）

再犯率（全国平均）　10% or 7.5%　再犯率（プログラム実施グループ）

（成果指標と結果の整理表）

	① 成果指標	① 結果	② 成果指標	② 結果
第1集団	10%	8.4%（未達成）	7.5%	9.0%（達成）
第2集団	10%	9.7%（未達成）		
第3集団	※政策転換に伴い測定中止			

出所：ソーシャルインパクトボンドジャパンHP、Social Finance Ltd.報道資料（2017.7.27）等をもとにDBJ作成

体において、ヘルスケア（医療・健康増進）や介護などソフト分野での活用や、活用検討が徐々に進みつつあるところである。

　海外を見ると、SIBの第1号案件は、2010年にイギリス・ピーターバラ刑務所で実施された再犯防止事業であった（図表96）。軽犯罪者の自立支援を行う同事業は、17の投資家から約7.5億円の出資を集めて、目標値を上回る再犯率の低下を実現し、投資家へは元本プラス約3%のリターン配分という成果を生んだ。これ以降、SIBは欧米を中心に広がり、2020年2月時点で、138案件・4億4100万ドルの投資実績が積み上がっている。

　近年におけるESG（環境・社会・企業統治）投資の高まりも、SIBの実績を後押ししてきた側面があると考えられる。また、今後も、新型コロナなどを契機として、医療体制充実などをはじめ社会課題解決を重視する投資の流れはさらに加速する可能性があるだろう。

　我が国でも、政府において、ヘルスケア・介護・再犯防止の三つをPFS/SIB推進の重点分野に、2020年3月に向こう3年間のアクションプランも策定され、今後の活用拡大が期待されているところである。

2 ポイントとなる「社会的インパクト」（図表97）

　PFS/SIBの最大の特徴は、「行政コストの削減」に加えて、その事業がもたらす「社会的インパクト（実際の影響度）」を重視する点である。なお、ここで言う社会的インパクトとは、事業や活動によって社会や環境にもたらされる成果のことを指している。PFS/SIBでは、事業や活動がいかに社会課題の解決に寄与したのかについて、あらかじめ設定した指標をもとに成果を評価していくのである。

　例えば、市民向けの健康増進プログラムで、早期のがん患者発見をめざすケースを考えてみよう。当事業にあたっては、民間事業者のノウハウ等を活用した新たな手法を導入することで、新たなコストは生じるものの、早期治療等によりそれ以上の将来医療費を削減できると仮定する。

　そしてその際、上記コスト削減に加え、事業の実施により、検診や精密検査の受診率など、あらかじめ設定した成果指標が向上・改善し、市民のQOL（生活の質）が向上したり、健康寿命の延伸等に繋がったとしよう。そうすると、これにより

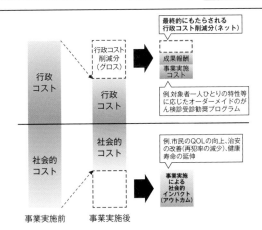

図表97　PFS/SIB実施による効果のイメージ

- 民間のノウハウ等を活用した新たな手法により事業を実施することで、当該事業の実施コストは生じるものの、社会保障費等、将来の行政コストを削減
- また、行政コストの削減に加え、市民のQOLの向上、再犯率の減少等の社会的インパクトも期待

出所：DBJ作成

「社会的インパクトがもたらされた」ということになり、それが事業の成果となるのである。

　PFS/SIBは、民間資金・ノウハウ等の活用を通じて、「行政コストの削減」と「社会課題の解決（≒社会的コストの減少）」の両立をめざすところが特筆すべき点と言えるのである。

３　ハード面の活用事例

　先に、我が国におけるPFS/SIBの重点対象は、ヘルスケア・介護・再犯防止のソフト3分野であることを述べたが、言うまでもなく、自治体はハード分野でも大変多くの課題を抱えているところである。この点、海外に目を転じると、ハード面の課題解決にPFS/SIBの仕組みを活用する例も見られる。

　例えば、アメリカでは、環境面の課題解決に向けたプロジェクトにおいて、「EIB（Environment Impact Bond：環境インパクトボンド）」が発行されている。EIBは、「環境版SIB」とも呼ばれ、PFSの仕組みを活用した環境プロジェクトを資金使途と

する債券である（図表98）。当債券では、元本・利息の償還に加え、事業成果に応じて、投資家に追加リターンまたは追加負担が発生することが一般的となっている。

それまでのPFS/SIBにおいては、「計測可能な成果指標の設定が困難」「案件ごとにカスタマイズされており、横展開が困難」「効果が出なかった場合に自治体からの報酬が大きく減額され、事業者・投資家のリスクが大きい」などの課題があった。そこで、EIBでは、明確な評価指標設定、可能な限りのスキーム簡素化、そして投資家の経済性確保を意識した設計がなされ、投資家をはじめとする関係者から高い評価を受けている。そのような流れも受け、近年アメリカでは、雨水貯留浸透・水質浄化・地下水涵養・景観・レクリエーションなど、自然の持つ多様な機能の活用をめざした社会資本「グリーンインフラ」（図表99）の整備をはじめ、様々な分野でのEIB活用が進みつつあるところである。

一例を挙げれば、ワシントンDCの上下水道公社・DC Waterは、世界初のEIBを手掛けた発行体である。同公社では、豪雨時に下水道管から溢れる汚水による環境

図表98　SIBとEIBの比較

	SIB（ソーシャルインパクトボンド）	EIB（環境インパクトボンド）
分　野	社　会　全　般	環　境　分　野
インパクト対象	ヒト（再犯罪率減少、健康診断受診率増加など）	環境（雨水流入量、水質改善など） グレーインフラ（公共建造物への投資削減額など）
事業主体	民間事業者（特別目的会社含む）	自治体・公社
資金調達手段	・事業主体による運転資金借入 　（慈善投資家による元本保証がつく場合もあり） ・事業実施体である特別目的会社への出資	事業主体によるPFSを活用した 債券（EIB）発行
投資家・資金提供者	運転資金：銀行など 出資：慈善投資家（機関投資家、個人投資家）	ESG投資家（機関投資家、個人投資家）
民間セクターへの 主要移転リスク	事業実施リスク パフォーマンスリスク （効果未達の場合、投資家は元本の大半を保証する）	パフォーマンスリスク （効果未達の場合、投資家は補償金を 　支払う）
投資効果の発現期間	長期	短期～中期
事業効果の測定・ 評価指標の設定	人が対象であるため、比較、時系列、実験などによる精緻に測定可能な評価指標の設定が困難	インフラが対象であるため、 精緻に測定可能な評価指標の設定が可能
パイロット事業（試 行事業）への適用	有効	非常に有効

出所：DBJ「インパクトファイナンスを活用したサステナビリティ社会の実現へ向けて」（2020/3）

図表99　グリーンインフラの例

バイオスウェール（植生側溝帯） （撮影地：ポートランド市街地）	レインガーデン（雨庭） （撮影地：アトランタ市住宅地）	透水性舗装 （撮影地：ワシントンDC住宅地）
・道路の排水溝、側溝を植生化したもの ・地表水を土壌と植生帯に誘導、貯留し、地中に浸透させ、雨水の勢いを弱める	・屋根、歩道、道路等で発生した地表水を集水し浸透させる植生状の窪地 ・雨水の地下浸透や植生による蒸発散など自然に近い水循環を再現	・透水性のコンクリートや空隙の空いたアスファルトで道路を舗装し、地中への雨水浸透を促す

出所：DBJ「インパクトファイナンスを活用したサステナビリティ社会の実現へ向けて」（2020/3）、DBJ撮影

図表100　DC WaterのEIB概要

発行額	2,500万ドル
発行日	2016年9月29日
使途	合流式下水による環境汚染課題の解決のための 20エーカー相当のグリーンインフラ整備
担保	純収益の劣後担保権
償還日	2046年10月1日（30年）
債券の義務的公開買付日	2021年4月1日
当初金利	年利3.43%
パフォーマンス支払い （発生確率）	（効果未達の場合） 　リスクシェア支払い330万ドル（2.5%） （効果超過の場合） 　アウトカム支払い330万ドル（2.5%）が義務的公開買付日に実施される。 （330万ドルは5年間の利息に相当）
パフォーマンス支払日	2021年4月1日
投資家	Goldman Sachs、Calvert Foundation
発現効果の査定方法	整備前後の雨水流出量の減少率を比較

出所：DBJ「インパクトファイナンスを活用したサステナビリティ社会の実現へ向けて」（2020/3）

汚染の解決に向け、地中への雨水浸透を促すグリーンインフラの整備にEIBを活用している。

当EIBの概要は、図表100のとおりであるが、評価指標には、河川への雨水流出量の減少率が設定され、この減少率に応じて投資家に追加リターンまたは追加負担が発生する仕組みとなっている。

当EIBの組成にあたっては、投資家を含む関係者間において、プロジェクトの事業性や評価指標、金利水準、追加リターン、追加負担の水準など、諸条件に関する丁寧な協議が行われた。投資家に追加負担が発生する場合を見据え、通常よりも高い金利を設定するなど、トータルリターンでリスクに見合った経済性が担保される工夫もなされているところである。

４ 防災・減災をはじめとする社会課題解決へ向けて

EIBの投資対象はインフラであるため、当然ながら事業規模が相応に大きくなる。したがって、PFS/SIBの仕組みを、このEIBのようにハード分野にも活用できれば、当該対象事業のマーケット規模拡大にも繋がることとなろう。また、そうすれば、機関投資家から個人投資家まで幅広いインパクト投資家を呼び込むことも可能となり、ESG投資市場の拡大にも寄与するであろう。

集中豪雨などをはじめ大規模災害も頻発する我が国において、防災・減災対策やインフラ老朽化対応は、改めて、今まさに喫緊の課題である。そのような中、事業成果と経済的リターンを組み合わせたPFS/SIBの仕組みは、上記で紹介したグリーンインフラに限らず、災害対策をはじめ様々な事業にも活用できる可能性があるのではないだろうか。

今後、PFS/SIBの発想や仕組みを、ソフト分野のみならずハード分野も含めて積極的に活用していくことを通じて、地域課題・社会課題の解決に繋げていく視点が大変重要となってくるであろう。

5-5 新たなステージを支える 「地域ビジョン推進プラットフォーム」

最終節では、第1章で提案した「地域ビジョン推進プラットフォーム」を中心に、未来志向型官民連携等に取り組むにあたって重要となる地域の推進態勢について、具体的・補足的に考えてみたい。

■1 「コレクティブインパクト」の発想

第1章でも述べたとおり、まず未来志向型官民連携等の推進態勢を構築する上でカギを握るのは、「コレクティブインパクト」の発想である。

改めて、コレクティブインパクトとは、端的に言えば、地域が直面する課題に対し、多様な主体がセクター間の壁を取り払い、結束して解決に取り組むアプローチのことと考えればわかりやすいだろう。

足下のコロナ禍なども踏まえれば、今後ますます多様化・複雑化が見込まれる地域課題・社会課題に対しては、官民の別を問わず、個々の主体が単独で解決に取り組むにはおのずと限界がある。官・民・金・住民をはじめとする地域の多様な主体が、共通の課題認識、共通目標の下に、互いの強みを活かし合いながら、継続的に協働する発想が何より重要となってくると考えられる。

■2 実践の場としての「地域ビジョン推進プラットフォーム」

上記コレクティブインパクトを実践していく場として、第1章で提案したのが、「地域ビジョン推進プラットフォーム」であった（第1章の図表40・図表41参照）。

まず同プラットフォームには、自治体、民間事業者、地域金融機関に加え、大学、NPO、住民、担い手職員なども含め、地域の多様なステークホルダーが参画することが想定される。その上で、①オール地域で「課題やビジョンを共有」し、②地域自ら「課題解決策を検討」し、そして、③「事業の実践」にまで繋げていく、というものである。同プラットフォームは、いわばこれらのプロセスを一気通貫で支える「常設の場」ということであり、換言すれば、同プラットフォームの最大の特徴は、事業の企画・構想（川上）段階から地域の関係者連携での推進態勢を

構築するという点である。

　従来のPPP/PFIは、事業の「実践」段階において、官のリクエストに民が具体的に応える形で進められるケースが大半であった。ただ、今後真に有意な地域課題解決や地域創生をめざしていくにあたっては、これをさらに一段進め、より川上段階から地域関係者の認識を共有し、密に連携・協働を行うステップが重要となってくるということである。このことは、本章の第1節〜第3節における検討などからも、改めて自然な形で導き出される帰結ということが言えるのではないだろうか。

3 具体的な検討プロセス

　「地域ビジョン推進プラットフォーム」の中の各フェーズにおいて想定される地域の体制や、具体的な検討事項について見ていこう。

　まず「①課題・ビジョンの共有段階」である。ここでは、同プラットフォームは、地域課題の受け入れ窓口となり、地域全体を対象に関係者全体で課題を洗い出す。そして、官がそれを踏まえたビジョンを整理・提示し、関係者で意見を交わすことが想定される。

　次に、「②課題解決策の検討段階」である。ここでは、まずあらかじめ成果目標や評価手法を検討・共有することが重要となる。そしてその上で、同プラットフォームにおいて、ビジョンや目標達成に向けた事業等の提案を募り、オール地域で解決策を検討していくことが想定される。

　最後に、「③事業の実践段階」である。ここでは、具体的な事業の成立要件やスキームを検討することとなる。同プラットフォームは、官民対話の窓口となり、例えば公共発注の事業であれば、官が成立要件を整理した上で、事業化に向けた議論を進めることが想定される。

　そして、これら一連のプロセスで重要となるのは、「課題オリエンテッド」の発想である。また、その中において、当然ながらPPP/PFIなどはあくまで課題解決の一手法にすぎず、目的ではない。PPP/PFI等の案件形成自体が目的となってしまうような発想は本末転倒であり、あくまで地域の「課題解決」を起点とすることが大前提として重要ということである。

　加えて、サービスのエンドユーザーである住民や担い手職員などが、同プラット

フォームにおける検討の場に参画することも大切である。これは、地域での合意形成や、政策決定プロセスの透明性を担保する上でも欠かせないポイントであろう。

　現在、川崎市などでは、まさにこのような発想の下、市政運営上のあらゆる課題解決に民間活力を導入すべく、議論や取組を進めているところであり、今後のさらなる展開に期待が寄せられるところである（図表101）。

❹ 課題となるリーダーシップ人財の育成

　第1章でも触れたが、「地域ビジョン推進プラットフォーム」に参画する主な関係主体それぞれに期待される役割についても、改めて確認しておきたい。

　まず、自治体については、地域の抱える課題の的確な把握や将来ビジョンの策定・情報発信などは勿論のこと、難易度の高まる今後の公共発意プロジェクトの発注者として、これまで以上に事業の企画・形成力等が問われることとなるであろう。

　民間セクターについては、複雑化する今後の地域課題解決プロジェクトへの対応

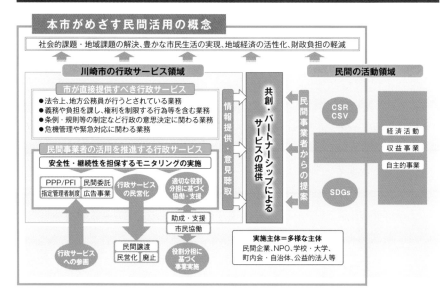

図表101　川崎市がめざす新たな民間活用の概念

出所：川崎市「川崎市民間活用（川崎版PPP）推進方針」

238

力や、それに向けて個々の企業が束になるチームアップ力などを養うことが重要であろう。また、その際に求められるのは、互いに競い合う「競争」ではなく、めざす地域を共に創り上げていく「共創」の発想と言えよう。

この点に関し、地域金融機関は、独自の企業情報やネットワークを持っている。リスクマネー供給などのファイナンス面は勿論のこと、より川上の段階から、官と民、また民間同士などのマッチングを担うコーディネーターとしての役割が期待されるところであろう。

さらには、これらの志ある地域関係者の取組を、各種制度設計や推進態勢の面で強力にバックアップする国の役割も大変重要と言えよう。

そして、これらの役割に加え、各セクター共通で欠かせない要素となってくるのが、「人財育成」への取組であろう。

本章で紹介してきた未来志向型官民連携事業等については、これまで以上に関係主体が多様化し、かつ検討範囲も広範に及ぶものばかりであると想定される。そのため、難易度の高いこれらプロジェクトを自分事として捉え、主力を担ってやり抜く気概を持つ、いわゆる「リーダーシップ人財」の育成が、今後ますます重要となってくると考えられる。

この点、PFI発祥の地・イギリスには、そうしたリーダーシップ人財の育成プログラムとして、ChPP（Chartered Project Professional：公認プロジェクト専門家）と呼ばれる資格制度なども存在する。これは、要約して言えば、プロジェクトに関する技術的知識やプロフェッショナルとしての行動倫理等の達成水準を示すものである。認定項目も多岐にわたり、また取得後は、継続的に専門性を高めていくことが求められている。2019年3月末時点で495名、2020年中には1,000名の登録が見込まれ、ChPPに対する認知度と評価は、今後さらに高まっていくことも予想される。

我が国においても、このような取組を参考に、今後の地域課題解決・地域創生や、そのための有意な官民連携活用等へ向けたリーダーシップ人財の育成へ向けて、本腰を入れるべき時期に来ていると言えよう。

5 ウィズ・コロナ時代を見据えて

新型コロナの影響も受け、今後の地域経営には、より一層のサステナビリティ

（持続可能性）やレジリエンス（危機対応力）の向上が求められる。地域ビジョンの練り直しや再構築なども急務であろう。

そのような中で、地域課題・社会課題解決の手法としてのPPP/PFI・官民連携の活用方向性や、地域の幅広いステークホルダーによる連携・協働の在り方についても、新たなステージを迎えていると言えるのではないだろうか。

地域課題や社会課題が多様化・複雑化する中、その解決へ向け、地域の関係者が課題やビジョン・目標を共有し、それぞれの強みを活かし合いながら連携・協働を実践する「コレクティブインパクト」が一つのキーワードとなることは、既に第1章でも述べたところである。

「ウィズ・コロナ」「ウィズ・ウイルス」の時代を見据えれば、このコレクティブインパクト、さらには、ステークホルダー間の信頼関係や「絆」をベースに地域や社会の幸福度や効率性を高める「ソーシャルキャピタル」といった視点が、今後の地域の魅力や生き残りを左右する一層大きなカギとなるであろう。そしてこれらは、今まさに地域において、理念・コンセプト段階から一歩進め、実行・実践フェーズへと移行すべき時期を急速に迎えつつあるとも言えよう。

今後、コレクティブインパクト実践のための地域ビジョン推進プラットフォームが、各地域それぞれに不可欠な基盤インフラとして整備され、それをベースキャンプとして、地域関係者による川上段階からの協働や官民連携プロジェクトの推進が定着していくことを期待したい。

そして、それを通じ、我が国において、ウィズ・コロナ時代を力強く生き抜く魅力的で多様な地域の形成、ひいては真に有意な地域創生へと繋がっていくことを期待したい。

<編著者一覧>

【監修】

地下 誠二（日本政策投資銀行 代表取締役副社長）

杉元 宣文（日本政策投資銀行 取締役常務執行役員）

熊谷 匡史（日本政策投資銀行 常務執行役員）

髙橋 洋（日本経済研究所 代表取締役社長）

【編著】

〈責任編集〉

足立 慎一郎（日本政策投資銀行 地域企画部長・PPP/PFI推進センター長）
：全体編集統括、第1章、第3章〜第5章

山崎 智之（日本政策投資銀行 地域企画部・PPP/PFI推進センター課長）
：全体編集、第1章、第5章

恩田 恭良（日本政策投資銀行 前 地域企画部・PPP/PFI推進センター課長）
：第3章、第4章、第5章−3

北栄 階一（日本政策投資銀行 地域企画部課長）
：第5章−4

上野 隆之（前 日本政策投資銀行 地域企画部・PPP/PFI推進センター調査役）
：第1章、第5章−1

久賀 雄介（前 日本政策投資銀行 地域企画部・PPP/PFI推進センター調査役）
：第1章、第5章−4

谷平 真一（日本政策投資銀行 地域企画部・PPP/PFI推進センター調査役）
：第3章、第4章

小野寺 信吾（日本政策投資銀行 地域企画部・PPP/PFI推進センター調査役）
：第5章−4

小鷹 祐平（日本政策投資銀行 地域企画部・PPP/PFI推進センター調査役）
：全体編集、第1章、第3章〜第5章

尾崎 充孝（日本経済研究所 取締役常務執行役員）
：第1章、第5章−5

吉田 育代（日本経済研究所 常務執行役員）
　：第1章、第5章－5

宮地 義之（日本経済研究所 執行役員 公共デザイン本部長）
　：第1章、第5章－3

足立 文（日本経済研究所 執行役員 公共マネジメント本部長）
　：第1章、第5章－2

霜中 良昭（日本経済研究所 公共マネジメント本部主任研究員）
　：第1章、第5章－2

高寺 万菜（日本経済研究所 公共デザイン本部研究員）
　：第1章、第5章－5

小沢 理市郎（価値総合研究所 執行役員 パブリックコンサルティング第三事業部長）
　：第5章－2

室 剛朗（価値総合研究所 パブリックコンサルティング第三事業部 主任研究員）
　：第5章－2

【特別寄稿等】

宮本 和明 氏（パシフィックコンサルタンツ 技術顧問／
　　　　　　　東北大学 名誉教授／東京都市大学 名誉教授）
　：第2章－1

山内 弘隆 氏（一橋大学大学院経営管理研究科 特任教授）
　：第2章－2

根本 祐二 氏（東洋大学経済学部 教授・PPP研究センター長）
　：第2章－3

野元 和也 氏（福岡市農林水産局中央卸売市場 市場整備担当主査）
　：第2章－4

髙橋 玲路 氏（アンダーソン・毛利・友常法律事務所 パートナー弁護士）
　：第2章－5

難波 悠 氏（東洋大学大学院 教授）
　：第2章－6

金谷 隆正 氏（（一財）日本経済研究所 客員エグゼクティブ・フェロー）
　：第2章－7、全体スーパーバイザー

【編著】

日本政策投資銀行

「金融力で未来をデザインします」を企業理念に掲げ、中立的かつ長期的視点にたち、投融資一体型のシームレスな金融サービスを提供している。また、地域課題解決や地域活性化・地域創生へ向けて、国や地方公共団体、民間事業者、地域金融機関等と連携・協働しつつ、各種調査・情報発信・提言やプロジェクト・メイキング支援などに幅広く取り組んでいる。

日本経済研究所

日本政策投資銀行グループの一員として、PPP/PFIなどの官民連携、スポーツ施設の整備・運営、空港、上下水道、ガスなどのインフラ民営化、公共施設マネジメント等の分野に関する調査・コンサルティングを幅広く実施し、地方公共団体や地域企業への取り組みにも力を注いでいる。

(一財) 日本経済研究所

日本開発銀行 (現・㈱日本政策投資銀行) を中心に広く経済界から出捐・賛助会員を募り体制整備された公益シンクタンク。日本政策投資銀行グループに蓄積された知的財産・ネットワークを広く社会に還元していくことで、内外の重要な経済問題に関する調査研究を実施、学術の振興、我が国経済社会の発展及び福祉の向上に取り組んでいる。

価値総合研究所

我が国の産業・経済、地域経済、環境・エネルギー等の幅広い分野における課題に対するコンサルティングを行っている。特に、産業・経済、地域経済、都市・地域計画等の分野では、ビッグデータ等を活用した独自の経済モデルを開発して定量的な分析・予測・評価に基づくソリューションを提供している。

日本政策投資銀行 Business Research

地域創生と未来志向型官民連携

PPP/PFI 20年の歩み、「新たなステージ」での活用とその方向性

2020年12月15日　第1刷発行

編著 ——————— 日本政策投資銀行
　　　　　　　　　　日本経済研究所
　　　　　　　　　　（一財）日本経済研究所
　　　　　　　　　　価値総合研究所
発行 ——————— ダイヤモンド・ビジネス企画
　　　　　　　　　　〒104-0028
　　　　　　　　　　東京都中央区八重洲2-7-7 八重洲旭ビル2階
　　　　　　　　　　http://www.diamond-biz.co.jp/
　　　　　　　　　　電話 03-5205-7076（代表）

発売 ——————— ダイヤモンド社
　　　　　　　　　　〒150-8409　東京都渋谷区神宮前6-12-17
　　　　　　　　　　http://www.diamond.co.jp/
　　　　　　　　　　電話 03-5778-7240（販売）

編集制作 ————— 岡田晴彦
編集協力 ————— 安部直文
制作進行 ————— 駒宮綾子
装丁 ——————— いとうくにえ
DTP ——————— 齋藤恭弘
印刷・製本 ——— 中央精版印刷

アートの創造性が
地域をひらく
「創造県おおいた」の先進的戦略

「地方創生」が謳われて久しい中、経済の停滞・少子高齢化の渦中にある多くの地方自治体は将来展望を描けずにいる。本書は、文化芸術の創造性こそが「地方創生」の鍵であるとし、大分経済同友会が実地調査をした国内の芸術祭と海外の創造都市の先進事例を通して、実効性が高いアートプロジェクトの手法を紹介する。

日本政策投資銀行 Business Research シリーズ
日本政策投資銀行[編]

執筆者：小手川武史(日本政策投資銀行　経営企画部所属　副調査役)
佐野真紀子(日本政策投資銀行　大分事務所　副調査役)
三浦宏樹(大分経済同友会　調査部長、大分県芸術文化スポーツ振興財団　参与)

◉A5判並製　◉定価(本体2000円＋税)

http:www.diamond.co.jp